新时代智库出版的领跑者

感谢国家社科基金"'一带一路'沿线国家信息数据库"重大专项支持
（项目号：17VDL001，项目组长：刘元春）

本丛书为国家社科基金重大研究专项"推动绿色'一带一路'建设研究"
（项目号：18VDL009）、国家社科基金一般项目"新时代中国能源外交战略研究"
（项目号：18BGJ024）的阶段性成果

智库 中社

国家智库报告 2023（18）
National Think Tank

“一带一路”区域国别丛书 13

总主编 刘元春 执行主编 许勤华

# 新加坡的发展智慧：
## 领土小国与经济大国的平衡

夏敏 著

SINGAPORE'S DEVELOPMENT WISDOM:
BALANCE BETWEEN SMALL TERRITORY AND ECONOMIC GIANT

中国社会科学出版社

**图书在版编目(CIP)数据**

新加坡的发展智慧：领土小国与经济大国的平衡／夏敏著.—北京：中国社会科学出版社，2023.6

(国家智库报告)

ISBN 978-7-5227-1630-5

Ⅰ.①新… Ⅱ.①夏… Ⅲ.①区域经济合作—国际合作—研究—中国、新加坡 Ⅳ.①F125.4②F133.954

中国国家版本馆 CIP 数据核字(2023)第 067564 号

---

出 版 人　赵剑英
项目统筹　王　茵　喻　苗
责任编辑　范晨星
责任校对　李　莉
责任印制　李寡寡

---

出　　版　中国社会科学出版社
社　　址　北京鼓楼西大街甲 158 号
邮　　编　100720
网　　址　http://www.csspw.cn
发 行 部　010-84083685
门 市 部　010-84029450
经　　销　新华书店及其他书店

---

印刷装订　北京君升印刷有限公司
版　　次　2023 年 6 月第 1 版
印　　次　2023 年 6 月第 1 次印刷

---

开　　本　787×1092　1/16
印　　张　7.75
插　　页　2
字　　数　69 千字
定　　价　45.00 元

---

凡购买中国社会科学出版社图书，如有质量问题请与本社营销中心联系调换
电话：010-84083683

# 中国人民大学国家发展与战略研究院
# “一带一路”区域国别丛书
# 编 委 会

# 总　　序

中国人民大学国家发展与战略研究院“一带一路”研究中心集中国人民大学国际关系学院、经济学院、环境学院、财政金融学院、法学院、公共管理学院、商学院、社会与人口学院、哲学院、外国语学院和重阳金融研究院的相关人文社科优势学科团队共二十位研究员，组成了中国人民大学国家高端智库领导下的全校“一带一路”研究的整合平台和多学科研究团队，着力于提供“一带一路”倡议的智力支持，为学校“一带一路”研究、区域国别学科和国家安全学科建设作出贡献。

团队围绕“一带一路”建设与中国国家发展、“一带一路”倡议对接沿线国家发展战略、“一带一路”倡议与新型全球化、“一带一路”倡议关键建设领域（基础设施投资、文明互鉴、绿色发展、风险治理、区域整合）四大议题展开研究，致力于构建“一带一路”沿线国家信息数据库，并在大数据基础上，深入分析沿线国家军事、政治、经济、社会和环境变化，推出“一带一路”区域国别丛书年度系列，为促进“一带一路”建设夯实理论基础，提供政策制定的智力支撑。国别报告对“一带一路”地区关键合作64个对象国进行分类研究，规划为文化系列、安全系列和金融系列三个系列。

习近平主席倡导国与国之间的文明互鉴，强调文化共融是国际合作成败的基础，深入了解合作国家的安全形势是保障双方合作顺利的前提，资金渠道的畅通是实现“一带一路”建设共商、共建、共享的关键。当今世界正在经历百年未有之大变局，“一带一路”倡议面临着巨大的机遇与挑战，因此我们首先完成国别研究的安全系列，希冀为“一带一路”合作保驾护航。在国家社科重大项目“‘一带一路’沿线国家信息数据库”（项目组长刘元春教授）完成后，数据库将在条件成熟时，尝试以可视化形式在国发院官网呈现。这也是推出国别报告正式出版物的宗旨。国发院积极为国内外各界提供内部政策报告以及产学研界亟需的社会公共研究产品，作为“世界一流高校”为国家社科建设贡献一份力量。

感谢全国哲学社会科学工作办公室的信任，感谢项目其他两个兄弟单位上海社会科学院和兰州大学的协作，三家在“一带一路”建设重大专项国别和数据库项目研究中通力合作、充分交流，举办了各类学术交流活动，体现了在全国哲学社会科学工作办公室领导下的一种成功的、新型的、跨研究机构的合作研究形式，中国人民大学能够作为三家单位合作研究的秘书处单位深感荣幸。

项目执行组长　许勤华

中国人民大学国际关系学院教授

中国人民大学国家发展与战略研究院副院长

中国人民大学欧亚研究院执行院长

**摘要：**作为“亚洲四小龙”之一的新加坡，独立以来依靠强力政府实现了经济的飞速发展，建立起高度依赖贸易的开放型经济。作为一个小国，新加坡奉行“大国平衡政策”，重视经济外交，一方面与美国、中国、日本等国家建立友好关系；另一方面积极参与国际组织和多边治理机制。在“一带一路”倡议框架下，中新在互联互通、金融服务、开拓第三方市场、专业服务等领域加强了合作，双方合作取得了显著成就，但两国如要深化合作还将可能面临一些挑战。另外，新冠疫情对新加坡经济各方面造成了较为严重的打击，但同时也为中新关系提供了新的合作机遇，双方在疫情期间继续保持较为紧密的合作，加强了公共卫生安全、人员与物资、交通运输等方面的往来。展望未来，中国与新加坡将会进一步深化合作，推动两国关系再上新台阶。

**关键词：**新加坡；平衡战略；投资环境；“一带一路”；中新合作

**Abstract**: As one of the "Four Asian Tigers", Singapore has relied on a strong government to achieve rapid economic development since independence and has built an open economy that is highly dependent on trade. As a small country, Singapore has pursued a "balance of power policy" with a strong focus on economic diplomacy, establishing friendly relations with the United States, China, Japan and other countries on the one hand, and actively participating in international organizations and multilateral governance mechanisms on the other. Under the framework of the Belt and RoadInitiative, China and Singapore have strengthened cooperation in areas such as connectivity, financial services, third-party market development, and professional services, and the two sides have made significant achievements. In addition, COVID-19 epidemic has dealt a serious blow to the economy of Singapore in various aspects, but it has also provided new opportunities for cooperation in the Sino-Singaporean relationship. Both sides have continued to maintain closer cooperation during the epidemic, strengthening exchanges in public health and safety, personnel and materials, and transportation. Looking ahead, China and Singapore will further deepen their cooperation and push their relations to a new level.

**Key words**: Singapore; Balance Strategy; Investment Environment; Belt and Road initiative; Cooperation between China and Singapore

# 目　　录

# 导　言

1965年8月9日，新加坡脱离马来西亚联邦，成为一个主权独立的国家。独立之初的新加坡面临着极其严峻的挑战，夹在印度尼西亚和马来西亚两个大国之间，国土面积狭小缺少战略纵深空间，自然资源贫乏，粮食和淡水都无法自给自足。这样的初始条件，对于建构一个崭新的国家绝非有利。然而经过30年的发展，新加坡从一个发展中国家到1996年被经合组织（OECD）认定为发达国家，各方面取得了显著成就。

首先，政治稳定，吏治清廉。人民行动党自新加坡1965年独立以来连续执政，保持了政局的稳定。2020年，新加坡在全球抗击新冠疫情的背景下，顺利完成了新一轮的国会选举。人民行动党以61.24%的总得票率再次组阁执政，赢得国会93个议席中的83席。过去10年，新加坡全球清廉指数稳居亚洲第一。

其次，经济开放、融汇东西。新加坡高度依赖对外贸易，截至2020年年底已经签署了30个自由贸易协定、40多个投资保护协定和80多个避免双重征税协定，是亚太重要的贸易中心[①]。同时，新加坡也是《全面与进步跨太平洋伙伴关系协定》（CPTPP）和《区域全面经济伙伴关系协定》（RCEP）的主要成员国。此外，新加坡充分抓住数字革命和数字技术发展带来的新机遇。2020年6月，新加坡与新西兰和智利签署了第一份《数字经济伙伴关系协定》（DEPA）。DEPA作为独立且具有包容性和灵活性的区域数字经济安排，有望成为全球数字经贸规则新模式，吸引了众多国家申请加入。

最后，平衡外交，多边主义。作为一个小国，新加坡奉行“大国平衡政策”，且突出经济外交，一方面与美国、中国、日本等国家建立友好关系；另一方面积极参与国际组织和多边治理机制。“小国大外交”使得新加坡享有高于其国家领土面积和物质基础的影响力，在地区和国际事务中发挥着重要作用。

新加坡与中国建交以来，双方无论是经贸联系还是政治关系都获得了长足的发展。2013年10月，中国提出了共建“21世纪海上丝绸之路”的战略构想。作为东南亚国家联盟（ASEAN，简称“东盟”）经济发

① 刘旭：《新加坡：RCEP再燃自贸龙头》，光明网，2020年11月24日，https://m.gmw.cn/baijia/2020-11/24/1301832318.html。

展水平最高的国家，新加坡不仅是东南亚的经济枢纽，还是全球最大的人民币离岸结算中心之一，理应成为海上丝绸之路沿线的重要国家。中国“一带一路”倡议的提出也得到了新加坡的积极响应，新加坡成为中方在“一带一路”倡议下的重要合作伙伴，双方的合作水平不断迈向历史新高。因此，研究新加坡国内政治经济的历史和现状，研究中国和新加坡经济合作的特点和影响，对于“一带一路”倡议的行稳致远有着积极作用。

本报告的主要研究问题是，作为一个全球民族国家体系中的领土小国，新加坡是如何取得以上的政治和经济成就的？其发展经验和模式，对于中国和新加坡的经贸合作将产生什么样的影响？本报告首先将分析新加坡的发展模式，指出这种模式在推动经济增长方面的优势。其次，本报告将梳理新加坡经济外交的重点，关注其与主要大国和周边国家的经济关系，探讨新加坡参与多边治理的实践。最后，本报告将分析中国和新加坡经济合作的特点、取得的成就以及可能面临的挑战。通过这样层层递进的分析，本报告希望对新加坡今后的经济发展有更清晰的把握，在知己知彼的基础上，促进中新双方的经贸合作步上新的台阶，助力“一带一路”倡议在海外的顺利推进。

# 一　强力政府推动下的经济发展

新加坡的经济发展是在高效政府的大力推动和引领下实现的。尽管新加坡保留了自由市场经济的基本制度，但发展过程中政府的强有力干预起到了指引方向和综合保障的效果，特别是在宏观经济管理和土地、劳动力和资本等主要生产要素的配置方面。自由市场和国家干预对新加坡经济都有高度的影响，这种独特但非常成功的经济发展模式被认为是亚洲经济奇迹中典型的发展型国家模式。

新加坡的经济发展道路是由其特殊的国情决定的。新加坡国内市场相对较小，严重依赖国际和区域市场，必须发展高度开放的经济、自由贸易和自由市场，才能让经济蓬勃发展。然而，依赖外部市场导致的脆弱性迫使政府积极干预经济，制定政策以保护本国经济免受全球市场波动的冲击。在这样的发展思路指导下，新加坡重视通过高度成熟的自由市场经济吸引外资、激发经济活力。作为著名的自由港，新加坡不实行金融、外汇、物价和关税的管制，其公司所得税为全球最低。这极大地改善了国家的营商环境，通过外资的注入为新加坡的经济增长打下坚实的基础。与此同时，为规避开放经济的风险，保证经济发展的长期可持续，新加坡政府也对经济发展施加必要的干预，比如：国家主导建设的工业园、政府主导的开发运营模式、全球范围内的集中招商模式、淡马锡控股等主权财富基金、住房公积金制度以及医疗、教育、住房等充足的公共服务。此外，新加坡政府还负责制定和实施新的经济举措来实现产业升级，以响应全球市场的需求。①

新加坡模式体现了一种理性的政府干预，它以创造性的方式将规制与市场结合在一起。正如新加坡的战略经济计划所指出，“三十多年来，经济规划在新加坡的发展中发挥了非常重要的作用”。② 新加坡自从1965年获得独立主权国家的地位以来，其经济发展一共经历了三个重要的发展阶段：第一阶段（1965—1980年代中期），出口导向战略下的迅速增长期；第二阶段（1980年代中期至1997年），产业升级期；第

---

① Economic Watch, “Singapore Economic Structure” May 18, 2021, https://www.economywatch.com/singapore-economic-structure.

② Huff, W. (1995). “What is the Singapore Model of Economic Development?”, *Cambridge Journal of Economics*, 19 (6): 735-759.

三阶段（1998 年至今），经济转型期。

## （一）1965—1980 年代中期：出口导向战略下的迅速增长期

在这一阶段，新加坡政府开始大量吸收外资和引进技术，推动国内经济起飞，促进资本密集型制造业发展。为此政府做出了两个决定：首先是从进口替代转向出口导向的工业化。其次是将吸引全球跨国公司作为实现产业增长的载体。这两个决定奠定了新加坡经济现代化的基础。促进出口和外国直接投资给新加坡带来了领先优势。而新加坡奉行的门户开放政策，则使得该国能较便利地吸收西方的资金和先进技术，在同时期的东南亚国家中领先一步，很快便进入了资本密集型的经济发展阶段。新加坡改变了过去过分依赖转口贸易的单一经济结构，建立了以制造业为支柱的较为合理的产业结构，以此带动对外贸易、交通运输、金融和旅游业的发展。到 1975 年，新加坡已经建立了稳固的工业基础，制造业在 GDP 中的份额从 1965 年的 14% 攀升至 22% 。①

① Ravi Menon, "An Economic History of Singapore: 1965 – 2065", Monetary Authority of Singapore, August 5, 2015, https://www.mas.gov.sg/news/speeches/2015/an – economic – history – of – singapore.

1965年新加坡独立，由于英国撤出军事基地，造成新加坡失业率上升、经济衰退。摆在新独立的新加坡政府面前的当务之急是稳定经济，吸引外资，避免经济崩溃。政府于1967年通过了《经济扩张激励法案》，该法案提供了三项额外的财政激励措施。第一，为了鼓励产业扩张，该法案允许在某些情况下对资本扩张产生的增量收入进行税收减免；第二，为了吸引投资和扩大出口导向型产业，它允许对批准的企业减免90%的利润税，期限最长为15年；第三，它允许对外国贷款利息、特许权使用费、技术诀窍和技术援助费用免税。此外，政府还在1968年推出了几项重大政策举措以改善投资环境，其中包括以下内容：扩大正规的技术和职业培训；为了增加可用于非通货膨胀公共财政的储蓄金额，将强制性国家储蓄计划中央公积金的缴款率提高到工人基本工资的25%；加强有形基础设施的发展，重点是电信、港口和航空服务；颁布了两项旨在确保劳资关系稳定的立法，包括《就业法》和《劳资关系（修正）法》。

得益于工业化国家对外投资的大幅增加，新加坡吸引外资的政策举措取得了很大的成功。1968—1973年，制造业投资总额超过23亿新元，大部分来自美国。美国超过英国成为新加坡外资的最大来源国。国内资本形成总额占国内生产总值的百分比从1966年的

21% 上升到 1973 年的 40%。在此期间，纺织品和服装这两个行业创造了制造业就业总增长的一半以上。到 1973 年，失业率下降到 4.5%，充分就业被认为已经实现。

这一阶段是新加坡经济进入大发展的阶段，其中 1960—1984 年的 GDP 年均增速为 9%。从建国时的危机重重到经济基础逐渐稳定，新加坡在这一阶段不仅基本实现了全民就业，第三产业和基础设施建设也得到了快速发展。政府大力引进技术密集型产业，注重提高劳动生产率，提倡科研与经济相结合，提高生产技术水平。与此同时为了打开国外市场，政府鼓励企业提高产品质量，降低生产成本，以此增强产品的国际竞争力。

新加坡政府将注意力主要放在研究与开发、设计、工程、信息科技等领域，而一些高附加值的产业比如电脑、电脑附件制造业等电子行业也逐渐成为先导产业。第三产业走向专业化、系列化、高效化，这就从总体上保证了商业运营效率和质量的提高。为了实现从劳动密集型产业的升级，时任新加坡财政部长韩瑞生在 1973 年 4 月宣布了一个双管齐下的办法：一方面，加紧吸引现代制造业，如石化产品、机床、精密工程、精密电子、办公设备和机械等；另一方面，协助现有工业提升技能和技术水平。

在20世纪70年代，新加坡经济虽然得到了快速发展，但也遇到不少难题和挑战：一方面，西方国家经济停滞，市场萎缩，贸易保护主义抬头，影响了新加坡的进出口贸易；另一方面，周边国家经济也得到了较快发展，逐步走上工业化道路，并大力推行出口导向型战略，使新加坡原有的优势逐渐消失。面对重重挑战，新加坡制定了新形势下的经济发展战略。1979年7月，新加坡政府提出了新的经济发展战略，称之为“第二次工业革命”，亦称“经济重组战略”，包括一系列具体措施：修改工资政策，从低工资转向高工资；继续鼓励外资投入高科技工业，给予新兴工业各种优惠待遇；鼓励科研，开发新产品；加强技术培训，提高人力资源素质等。经济重组进一步改善了新加坡的经济结构，巩固了以机械、运输、外贸、旅游和服务五大支柱为主的多元化国民经济格局。①

20世纪80年代的新加坡经济高度依赖外国公司，特别是来自工业化国家的公司。1981年，在新加坡经营的总共21323家公司中，有7065家（33.1%）有外国参与。为此，新加坡政府80年代的经济发展计划强调经济必须多样化，但同时也意识到必须避免给外国投资者带来不必要的负担或限制。

---

① 王静：《新加坡独立后经济发展道路的特点及启示》，《学理论》2013年第32期。

从1980—1984年，由于计算机、电子、机械、印刷和制药等新的高附加值行业的强劲扩张，新加坡的净投资承诺平均每年为17亿新元。按实际价值计算，1984年新投资的每名工人的预期增加值为11.9万新元，比1980年高40%。在此期间，实际国内生产总值平均每年增长8.5%。新加坡经济发展局与外国政府和专业制造商合作建立了几个培训机构，这些制造商是各自领域的技术或市场领导者，或者因其培训系统而闻名。同时，经济发展局也加大了推广力度，在美国、日本和欧洲建立了一个由22个海外办事处组成的网络，以识别、吸引和服务国际商业项目，并指定11个初级和配套行业作为推广目标。这些积极措施有助于吸引大量外国投资流入政府希望大力发展的行业。

## （二）1980年代中期至1997年：产业升级期

1985年新加坡经历了建国20年来最严重的经济衰退，为此政府进行了一系列结构性改革，建起了国内资金市场，摆脱了对海外金融市场的高度依赖。

面对国内外环境变化，新加坡政府决定其在20世纪80年代后期及以后的优先事项应该转向确保可持续的长期增长。为了恢复国际竞争力，政府将雇主的公积金缴款从工人工资的25%削减到10%，并寻求工会支持工资限制政策。同时，新加坡政府还削减了税率，降低了公用事业、国际电话和电传服务的费用，加大了促进投资的力度，特别是高附加值、以技术为基础的制造业。这些举措对外部投资者产生了积极影响。1986年，流入新加坡的净投资承诺上升到14亿新元，外国公司的承诺占11亿新元。

这一时期，新加坡开始面临着其他东南亚国家的激烈竞争，这些国家作为低成本生产中心，正在倒逼新加坡进行产业调整和升级，否则新加坡很难保持其在制造业中的相对优势。新加坡政府决定，开始将经济转向高附加值服务和高技术制造业以及研发。为此，政府通过加强版权法的执行来缓解外国公司对缺乏知识产权保护的担忧。1988年，新加坡经济发展局确定了五个关键的技术密集型产业，作为从基础制造业向高科技产业发展的目标。这五个产业是信息技术、生物技术、机器人技术、微电子技术和激光技术。政府还出台了一系列措施，帮助外国公司安排签证、获得必要的许可、寻找办公场所，让投资手续尽可能简化。为了继续扩大经济规模并使其多样化，政府还开始积极吸引对服务业的投资。1994—1995年的美国商业环境风险评估公司（BERI）的报告将新加坡评为外国投资者最安全的地方之一，并将其劳动力质量评为非常高。①

## （三）1998 年至今：经济转型期

早在 1997 年亚洲金融危机发生前，新加坡的产业结构在经济发展过程中就已经逐渐发生变化。自 20 世纪 60 年代以来，制造业和服务业一直是新加坡经济结构的支柱。然而制造业在新加坡国内生产总值中的份额自 20 世纪 90 年代开始下降，反映了去工业化的趋势。1997 年以前，制造业在国内生产总值中的比例就下降到 23% 的低点，以电子、化工和石化产品以及运输设备为主。1999 年，服务部门占国内生产总值的 35.9%，主要以贸易、金融、商业服务以及运输和通信为主。传统贸易在服务部门中所占份额下降，而金融服务和商业服务却在快速增长。随着生产结构的这些变化，制造业的就业份额自 1980 年以来一直在下降，金融和商业服务的份额一直在上升。此外，新加坡劳动力的技能水平一直在提高。行政、管理、专业和技术人员占劳动力的比例从 1980 年的 18% 上升到 1999 年的 40.3%，同期产业工人和劳动者的比例从

① Teck - Wong Soon and Stoever, W. (1996). "Foreign Investment and Economic Development in Singapore: A Policy - Oriented Approach", *The Journal of Developing Areas*, 30 (3): 317 - 340.

46.3%下降到29.1%。这为金融危机后新加坡经济向知识经济的转型奠定了基础。

受亚洲金融危机的影响，新加坡经济开始从“稳定成长期”转入“成长波动期”，GDP的增速或高或低。1998年，在金融危机影响持续恶化的大环境下，新加坡经济增长率一度降到1.5%，有时还出现负增长。新加坡的一些企业出现亏损，造成3万多名员工失业，失业率上升到3.2%。国家财政收入减少了7.8%，外汇市场交易额下降16%，对外贸易总额下降了7.5%。同时，世界性的电子工业需求下降，加上新加坡劳动力成本过高的因素，许多跨国公司关闭或转移了本地的工厂。

面对外部环境的变化，新加坡开始思考和着手调整经济结构和产业结构：减少对低端电子业的依赖，吸引和增加高端电子产业和产品；吸引和发展生命科学、制药、环境保护等产业；发展教育产业，建立区域教育中心。同时，以本国为圆心，以7小时的飞行距离为半径，制定了“7小时经济圈”的发展战略，在该经济圈内继续巩固和打造若干区域中心，即世界贸易中心、海港转运中心、航空中心、会议中心、教育中心、医疗保健中心、国际医药中心、金融理财中心。[①]

---

① 杨建伟：《新加坡的经济转型与产业升级回顾》，《城市观察》2011年第1期。

亚洲金融危机加深了新加坡对自身经济定位的认识，那就是其已经失去了相对于该区域其他货币大幅贬值的经济体的竞争力。现有行业的成本削减措施只能在短期内保持它的竞争力。由于缺乏发达经济体的技能、技术基础和其他优势，产业升级受到阻碍，因此新加坡必须找到适合自身国情的发展道路，以便向价值链上游迁移。在以竞争加剧和技术迅速变革为特征的日益具有挑战性的全球环境中，面对严重的国内劳动力和资源限制，新加坡必须挖掘新的经济增长来源，以保持其竞争优势。为此，新加坡开始着力发展现代服务业，走向了以知识经济（Knowledge - based Economy）为基础的新型发展模式。

1997 年 5 月，在亚洲金融危机发生之前，新加坡政府就成立了新加坡竞争力委员会（CSC），以评估新加坡未来 10 年的经济竞争力并提出战略和政策建议。该委员会包括主委员会、五个行业小组委员会（制造业、金融和银行、枢纽服务、国内企业、人力和生产力）和一个顾问小组，由代表公共、私营和学术部门的 100 多名人士组成。1998 年 11 月发布的竞争力报告既包括旨在从 1998 年经济衰退中恢复的短期措施，也包括将新加坡转变为先进的、具有全球竞争力的知识型经济体的措施。该竞争力报告提出了八大长期战略，期望新加坡在未来十年内，能发展成为一个先进、具有全球竞争力的知识经济体。这些战略包括：保持制造业和服务业作为增长的双引擎；加强外部力量，补充国内经济，使国内经济成为增长来源；建立具有核心竞争力的世界级公司，参与全球经济竞争；培育和加强当地企业；开发具有成本竞争力和卓越能力的人力和智力资本；利用科学、技术和创新作为竞争工具；通过促进替代供应和有效利用，优化资源管理；利用政府政策促进企业发展，为企业经营提供健全的经济政策和监管环境。①

2002 年新加坡贸工部首次明确指出知识经济主要指的是制造业和服务业。为了发展知识经济，新加坡经济发展局提出“产业 21 计划”（Industry 21，简称“I21”），这是一项 10 年计划，重点是技术、创新和能力，旨在将新加坡打造成全球制造业和贸易服务业知识驱动型产业中心。② I21 鼓励跨国公司在新加坡开展更多关键的知识密集型活动，也鼓励本地公司开展更多的知识密集型活动，成为世界级的参与者。同时，I21 将电子、化学、工程、生命科学、教育和医疗保健、总部、

---

① Yue, C. (2001). “Singapore: Towards a Knowledge - Based Economy”, In S. Masuyama, D. Vandenbrink & C. Siow Yue (Ed.), *Industrial Restructuring in East Asia* (pp. 169 - 208). Singapore: ISEAS Publishing.

② Chen, X. and Shao, Y. (2017). “Trade Policies for a Small Open Economy: The Case of Singapore”, *World Economy*, 40: 2500 - 2511.

通信和媒体以及物流确定为需要培育的产业集群。

新加坡还制定了21世纪工业园计划，新建的工业园将融合各种商业、工业、科技、研究与开发活动，协助国家向知识经济转型。与此同时，发展信息科技、生命科学和其他知识密集型经济，开发新的经济增长点。新加坡政府投巨资欲将生命科学发展为制造业第四根支柱①。2000年以前，新加坡政府曾拨款7亿新元，用于生命科学的研究与开发。2000年6月又拨款10亿新元，作为生命科学的开发研究基金，通过经济发展局投资于私人生命科学公司。为此，新加坡政府成立了“生命科学部长级委员会”，指导发展生命科学工作。

借助于政府前瞻性的规划和引导，新加坡成功地从亚洲金融危机的打击中恢复，依靠政府的领导能力和财政资源逐渐走向知识经济和数字经济的道路，以利用全球化和技术革命带来的机会。从新加坡的经济发展历程中可以看出，随着国内外环境的变化，新加坡政府能够审时度势，通过不断调整工业策略，吸引跨国公司，适时进行产业升级，使其工业从最初的转口贸易、劳动密集型逐渐升级到今天的知识密集型，实现了经济的持续发展。②

---

① 注：前三个是电子、化学和工程业。

② 汪明峰、袁贺：《产业升级与空间布局：新加坡工业发展的历程与经验》，《城市观察》2011年第1期。

# 二　新加坡对外政治经济关系

美国学者斯皮克曼认为，在一些国际事务和外交政策的制定上，往往地区位置因素比国土面积因素更加重要，一国在全球和区域位置上所处的地位，决定着这个国家在制定对外政策时的考量。[①] 新加坡位于马六甲海峡的出入口，是联通亚欧非以及大洋洲的海上交通路口，地理位置极端重要。南面的邻国是印度尼西亚——人口最多的穆斯林国家，而北面则有柔佛海峡与西马来西亚相隔。此外，新加坡还拥有世界上的第二大港口——新加坡港。可以说，新加坡的地理位置具有重要的战略意义。[②]

然而，作为一个国土面积很小的国家，新加坡资源稀缺、经济发展模式相对单一，这使其在参与国际

---

① ［美］尼古拉斯·斯皮克曼：《和平地理学：边缘地带的战略》，俞海杰译，上海人民出版社 2016 年版，第 96 页。

② 陈佳雯：《中国“一带一路”倡议对新加坡的影响》，《改革与开放》2018 年第 18 期。

事务的过程中较长时期处于国际体系的边缘地带，需要采取自我保护的方法以寻找经济和安全的利益最大化，并对周边环境保持高度警惕性。[①] 为实现这一目标，新加坡力求在本国周边维持势力均衡，遵循“大国平衡战略”，在外交上左右逢源，争取在利益与理念间平衡，同时联合域外国家，借用外部力量维护地区平衡。[②]

## （一）外交战略服务于经济发展

新加坡选择合作伙伴的主要目的是制衡威胁，通过应对外来威胁形成对于权力的保障，当威胁的天平发生倾斜，国家会倾向制衡对自身威胁最大的国家。

中国是亚太地区举足轻重的大国，而美国在全球事务中有着很大的发言权。在中国和美国之间采取大国平衡战略，避免权力的天平偏向任何一方，这是新加坡作为一个小国，在对外关系中采取的一贯立场。而这一立场也使得新加坡最大限度地收获了自身地缘政治的优势，为其经济发展铺平了道路。中国的投资政策优惠、自然资源丰富、劳动力廉价且有广阔的市

① 韦民：《论新加坡与东盟关系——一个小国的地区战略实践》，《国际政治研究》2008 年第 3 期。

② 冷鸿基：《多边主义竞争与香格里拉对话会的发展战略》，《国际论坛》2019 年第 6 期。

场。新加坡投资者从对中国的投资中取得了巨大收益，这让新加坡经济保持着较快的发展。

基于战略平衡的理论思想，新加坡对中国采取“合作但不依赖”的积极态度，使其形成了具有代表性的对外政策模式，一方面积极开展与中国的经贸合作；另一方面与美国保持良好的政治关系，试图在中美之间达到战略平衡状态。

新加坡的对华政策呈现出明显的战略对冲思维：既希望能够加强与中国的经贸合作，又希望借着美国重返亚太战略实施的时机，积极发展与美国的关系，保持区域力量对比的平衡。

新加坡这种战略对冲思维的形成是多种因素作用的结果。首先，新加坡虽然地理位置优越，但却是东南亚最小的国家，它被东南亚两个最大的国家印度尼西亚和马来西亚所包围。新加坡重要的地缘政治地位与其自身的政治和军事实力并不匹配。这种情况下，要想实现经济发展就必然需要一个价值观和利益都高度一致的强大国家来充当其“保护伞”。新加坡认为美国是一个现实的选择。但对新加坡来说，美国的保护伞只是一个发展的屏障。为了保持其经济的长期增长，还需要与东南亚国家合作，以及与中国、日本等大国合作。因此，在外交上，新加坡只能在“夹缝”中寻找发展机遇，与周边国家发展建立良好的合作关系。这种政策定位从始至终影响着新加坡外交实践的方向。

新加坡扼守马六甲海峡，是典型的“以商立国”的国家，新加坡国内市场狭小，对国外市场有很强的依赖性。近年来，新加坡与中国的经济合作日益密切，新加坡不仅从中国国内的投资中获益，它的港口、金融等服务也是中国经济走出去的重要窗口。

2010 年中国成为世界第二大经济体，中国的崛起使得中国与美国等发达国家形成了竞争关系，尤其是中美之间的竞争，对国际政治经济关系产生了深远的影响。新加坡在制定外交政策时需要思考新加坡应该在东南亚政治经济格局中扮演什么样的角色，以及如何同时与中国和美国保持良好与建设性的关系。

随着中国和新加坡自身实力的增强以及对地区主义和地缘政治的重视，新加坡基于加强与东盟的合作、维护东南亚地区利益、深化经济合作与共同发展方面的地区主义动因与共识，以扩大自身在地区市场中的影响力和优化地缘安全环境为出发点，使一度因为中美竞争而受到影响的中新关系逐渐步入理性务实的轨道。

新加坡第三任总理李显龙执政以来，一直在寻求新加坡政治经济发展新的突破口，并将深化中新关系作为重要的外交政策。在 2016 年 9 月召开的 G20 峰会上，李显龙强调扩大两国在“一带一路”框架下航空、金融、互联互通等领域合作，新加坡愿继续促进推动中国同东盟互利合作，从中可以看出新加坡重视与中国的政治经济合作。①

在新冠疫情暴发后的2021年3月，美国主持四方安全对话（QUAD），拉拢盟友对抗中国的意图十分明显。对此，新加坡表示希望中国能够受到世界各国的欢迎，中国的繁荣为世界各国实现繁荣稳定提供了契机。李显龙批评了美国政局内部矛盾频发、分裂明显的问题，表示无法在两国间作出明确选择。尽管新加坡领土狭小，在东南亚所发挥的作用却是举足轻重的。对于新加坡而言，维持与美国和中国的关系都具有重要的战略意义。

美国与新加坡之间在安全领域存在密切的合作，美国也为新加坡的实业投入了大量的资金。但同时，中国也是新加坡商品出口的重要市场，对新加坡的经济增长发挥着不可替代的作用。美国在重返亚太战略的指导下，希望拉拢亚太盟友孤立中国，在亚太地区展开与中国的地缘政治竞争，制衡中国的影响力。然而新加坡明确表示，不会在中美之间作出明确的选择，希望能够成为中美两国的朋友，与中美两国都保持良

---

① 中华人民共和国驻新加坡共和国大使馆：《习近平会见新加坡总理李显龙》，2016年9月2日，https：//www. mfa. gov. cn/web/zyxw/201609/t20160902_ 338935. shtml。

好的合作关系。[①] 由此可见，新加坡对外政策以及行动的出发点主要出于自身国家利益的权衡，这样的战略定位为中新两国之间的政治经济合作打下了务实的基础。

## （二）与美国的战略合作关系

新加坡将美国视为重要的安全合作伙伴和实现“大国均势”外交政策中的重要一环。自 1966 年建交以来，新加坡与美国一直维持着相对稳固的国防、经济和政治关系，双方在网络安全、反恐、教育、基础设施建设和第三国培训等许多领域有着密切合作。两国的防务关系以《关于美国在新加坡使用设施的谅解备忘录》（MOU）、《战略框架协议》（2005 年 7 月签署）和《加强防务合作协议》（2015 年 12 月签署）等几项双边协议为基础。2019 年 9 月，新加坡总理李显龙与时任美国总统特朗普签署了对 1990 年谅解备忘录的修正议定书，并将其进一步延长了 15 年。[②]

① 《新加坡总理：若中美冲突新加坡无法选边站》，2021 年 3 月 16 日，央视网，http：//news. cctv. com/2021/03/16/ARTIlXDNIImyu0o5JQKZmabT210316. shtml。

② Website of Minister of Foreign Affairs, Singapore, https：//www. mfa. gov. sg/SINGAPORES – FOREIGN – POLICY/Countries – and – Regions/Americas/The – United – States – Of – America.

在经济领域，美国和新加坡有着广泛的贸易和投资关系。《美国—新加坡自由贸易协定》于2004年1月生效，这是美国与亚洲国家之间的首个自由贸易协定。2019年，美国与新加坡的贸易总额约为916亿美元，新加坡是美国第十四大商品出口市场。同年，美国对新加坡的贸易顺差达到183亿美元。中国是新加坡最大的贸易伙伴，而美国则是新加坡最大的外国投资者。2019年，美国对新加坡的外商直接投资总额达到2880亿美元，约占美国对东南亚投资总额的80%。2008—2016年，美国和新加坡曾共同推动《跨太平洋伙伴关系协定》（TPP）的签署，在美国于2017年1月退出该协定后，新加坡和其他10个国家签署了《全面与进步跨太平洋伙伴关系协定》（CPTPP）。① 美国和新加坡的紧密联系不仅体现在官方交往中，还体现在两国的民间交往中。截至2021年有超过3万名美国人居住在新加坡，在新加坡有4200家美国企业，美国企业在新加坡投资超过1800亿美元，两国间的自由贸易协定为美国提供了21.5万个就业机会。②

① 樊莹：《RCEP：重塑亚太经济合作与筑基新发展格局》，《当代世界》2021年第8期。

② U. S. Department of State, "U. S. Relations With Singapore", October 1, 2021, https://www.state.gov/u-s-relations-with-singapore/.

## （三）与东盟成员国的经济关系

新加坡处于东盟中心，作为东盟十国中唯一的发达国家，其在东盟经济合作中扮演着重要的角色。一方面，新加坡是区域内贸易伙伴资本与技术的供应来源，在促进东盟经济合作中发挥重要作用；另一方面，新加坡协助东盟国家海外出口，是外部投资者和商家前来经商的重要门户。①

新加坡以其优越的地理条件和强大的发展优势成为东盟的重要中心，并不断辐射带动其他东盟成员国的经济发展。首先，新加坡近年来一直是缅甸最大的投资者和贸易伙伴之一。根据缅甸官方数据，截至2020年，新加坡累计批准了241亿美元的对缅投资。②

其次，新加坡和马来西亚在双边贸易、投资和旅游等领域有着长期的、广泛的和多方面的联系。③ 马来

---

① 中国—东盟自由贸易区：《新加坡与东盟合作 推动数码化把握新机遇》，2022年3月24日，http：//www.cafta.org.cn/show.php？contentid=97219。

② REUTERS，"Analysis：Quiet Singapore Turns up Volume on Myanmar as Regional Fears Grow"，July 12，2022，https：//www.reuters.com/article/us-myanmar-politics-singapore-diplomacy-idUSKBN2BN0VS.

③ Ministry of Foreign Affairs，Singapore："Overview of Malaysia"，May 3，2020，https：//www.mfa.gov.sg/SINGAPORES-FOREIGN-POLICY/Countries-and-Regions/Southeast-Asia/Malaysia.

西亚是新加坡的第二大贸易伙伴，新加坡则一直是马来西亚外资的前三大来源国。[①] 近年来，双方加强了在数字经济和绿色经济方面的合作，并达成“数字和绿色经济是可持续和包容性增长的关键”的一致共识。

再次，新加坡和越南也有着良好的双边关系。自1973年两国建交以来，双边经济关系不断发展，2021年双边贸易额达到269亿美元。[②] 同时，根据新加坡计划和投资部（MPI）的数据，2020年和2021年，新加坡连续两年成为越南的最大投资者。[③] 另外，越南—新加坡工业园区（VSIP）是两国经济合作的象征，为越南社会经济的复苏和发展做出了重要贡献。2021年，双方还同意将合作扩大到数字经济、网络安全、清洁能源、可持续发展和智慧城市等新的增长领域[④]。

---

① Enterprise Singapore：Market Profile，“Why Malaysia?”，Sep. 3，2021，https：//www. enterprisesg. gov. sg/overseas – markets/asia – pacific/malaysia/market – profile.

② The Straitstimes，“Bilateral Trade Between Singapore and Vietnam Reached ＄27b Last Year Amid Pandemic”，June 2，2022，https：//www. straitstimes. com/singapore/bilateral – trade – between – singapore – and – vietnam – reached – 27b – last – year – amid – pandemic.

③ Vietnam Briefing Magazine，“Vietnam's PM State Visit to Singapore Underscores Increasing Trade Investment”，March 14，2022，https：//www. vietnam – briefing. com/news/vietnams – pm – state – visit – to – singapore – underscores – increasing – trade – investment. html/.

④ Enterprise Singapore，“Market Profile：Vietnam”，March 2，2022，https：//www. enterprisesg. gov. sg/overseas – markets/asia – pacific/vietnam/market – profile.

最后，新加坡与印度尼西亚有着牢固的经济关系。印尼是新加坡的第六大贸易伙伴，2021 年双边商品贸易额达到 591 亿新元，较 2020 年增长 21%。自 2014 年以来，新加坡也一直是印尼外部投资的最大来源地。2021 年，新加坡在印尼的投资总额达 128 亿新元，占印尼 FDI 总额的 14.9%。[①]

## （四）与日本的经济合作与交流

日本和新加坡是密切的经济伙伴。自 1970 年以来，日本一直是新加坡主要贸易伙伴之一。2000 年，新加坡与日本的双边贸易额达到 580 亿新元，其中 180 亿新元是新加坡对日本的出口，日本成为新加坡第四大出口市场。[②] 同年，日本对新加坡累计投资超过 140 亿新元。在新加坡经营的 9000 家跨国公司中，约有三分之一是由日本公司经营的。

2002 年 1 月 13 日，日本首相小泉纯一郎与新加坡总理吴作栋签订了《日本—新加坡新时代经济伙伴关

---

① Maritime Fairtrade, "Singapore Reaffirms Strong Bilateral Economic Ties With Indonesia", July 9, 2022, https://maritimefairtrade.org/singapore-reaffirms-strong-bilateral-economic-ties-with-indonesia/.

② International Trade, "The Japan - Singapore New - Age Economic Partnership Agreement (JSEPA) - A New Dawn For Singapore - Japan Trade A Historic Agreement", August 3, 2021, https://eoasis.rajahtann.com/eoasis/lu/pdf/JSEPA - (final) - v4.pdf.

系协定》（JSEPA）。该协定的主要内容包括：促进商品贸易的自由化、扩大日本和新加坡两国之间的人员交流、推动服务贸易和投资的自由化等。该协定所涉及的合作领域非常广泛，涉及金融、通信和人才培养等诸多领域，同时两国表示将在知识产权和竞争政策等方面展开深入合作。①

该协议标志着日本的国际贸易政策发生了重大变化，因为它将日本对世界贸易组织（WTO，简称“世贸组织”）等多边贸易体系的倚重转移到了区域贸易安排上。日本认识到，这种区域一体化举措有助于加强多边贸易体系。日本选择新加坡作为这一新政策的第一个合作伙伴，凸显了两国关系的重要性和实力。而对新加坡来说，与日本这样的全球经济巨头达成自由贸易协定，凸显其在世贸组织框架之外积极寻求区域和双边贸易安排，并强调了贸易对新加坡经济的持续重要性。

在金融领域，2013 年 4 月，新加坡副总理兼财政部长尚达曼和日本财务大臣麻生太郎在华盛顿举行的会议上表示，在加强双边金融关系方面可以做更多工作。两位部长重申了两国之间的良好关系和现有的金融合作。他们同意继续举行一系列定期的新加坡—日本金融对话，并扩大两国财政部之间的会谈。双方还

---

① 乔林生：《日本的东亚经济合作政策浅析》，《日本学刊》2003 年第 5 期。

同意深化两国之间各种金融举措的合作，包括双边互换协议以及区域和地方债券市场的发展。[①]

新加坡和日本都认识到贸易和投资自由化的重要性，并且都是多边和区域论坛的积极参与者，如世贸组织、亚太经济合作组织（APEC，简称“亚太经合组织”）和亚欧会议（ASEM）。此外，双方在区域和国际问题上也有许多共同利益，并在“21 世纪日本—新加坡伙伴关系计划”（JSPP21）下进行密切合作，向第三国提供技术援助，这是新加坡与其他国家最大和最成功的联合培训计划。[②]

随着两国经济转型和产业升级，新加坡和日本之间也在不断拓展更广阔的创新合作空间，尤其是在数字经济方面。事实上，日本初创公司正在进入新加坡，以利用其亲商环境、强有力的知识产权保护和优越的地理位置。在智慧农业领域，日本水产养殖数据分析初创公司 UMITRON 于 2016 年在新加坡设立了总部，该公司利用物联网、人工智能和卫星遥感建立了水产养殖数据平台。同样，新加坡的初创公司也在扩大其在日本的影响力，比如新加坡的在线杂货礼宾服务初

① Hong，M. & Lugg，A.（2016）. *The Rise of Singapore*，World Scientific Publishing Co. Pte. Ltd.

② Ministry of Foreign Affairs，Singapore：“Japan”，July 14，2021，https：//www. mfa. gov. sg/SINGAPORES – FOREIGN – POLICY/Countries – and – Regions/Northeast – Asia/Japan.

创公司 Honestbee 就主要在日本开拓智能零售领域的市场。两国的政府机构也在积极加强合作，希望为双方企业的共同成长创造更好的环境和制度。2018 年，日本还加入了新加坡的全球创新联盟（GIA）的启动平台网络。为了促进彼此创新生态系统的相互交流，新加坡经济发展局（EDB）、新加坡企业发展局（ESG）和日本贸易振兴机构（JETRO）积极为两国的初创企业制定倡议、举办活动并保障信息交流。[①]

新冠疫情期间，新加坡和日本同意深化双边关系，合作抗击新冠病毒。2020 年 5 月 1 日，新加坡贸工部和日本经济产业省发表了一份联合声明，同意深化双边经济合作，以确保基本商品的供应链，并在新冠疫情中加强经济恢复力。声明同时指出，新加坡和日本致力于保持市场开放，以确保跨境贸易的持续流动。两国还将避免对包括农产品和医疗用品在内的基本用品实行出口限制。[②]

---

① Synergy Media Specialists, "Japan and Singapore Strategic Partners Developing the Region", November 20, 2020, https: //www. synergymediaspecialists. com/japan - and - singapore - strategic - partners - developing - the - region/.

② Ministry of Trade and Industry of Singapore, "Singapore and Japan Agree to Deepen Bilateral Cooperation to Combat COVID - 19", May 1, 2020, https: //www. mti. gov. sg/Newsroom/Press - Releases/2020/05/Singapore - and - Japan - agree - to - deepen - bilateral - cooperation - to - combat - COVID - 19.

2021年，新加坡和日本迎来建交55周年。在这一年中两国高层间交往频繁。新加坡总理李显龙不仅于5月与时任日本首相菅义伟通电话，重申两国之间的友好关系，表示希望加深双方在经贸和公共卫生方面的合作，还于11月邀请现任首相岸田文雄访问新加坡。新加坡外长维文和日本外务大臣茂木敏充通话，表示希望加强双方在数字经济方面的合作。新加坡和日本的双边贸易额在2021年接近500亿新元，两国的投资领域不断从传统领域向医疗保健、精密工程等新领域扩展。新加坡亚洲基础设施发展局与日本国土交通省于2021年3月签署了促进两国基础设施项目合作的谅解备忘录。①

## （五）与欧盟及其成员国之间的政治经济关系

新加坡将欧盟视为其在全球范围内最重要的伙伴之一，同时新加坡也是欧盟在东南亚最重要的经济伙伴。2017年的数据显示，欧盟是新加坡最大的外国投资者，外国直接投资存量超过3760亿新元。而新加坡对欧盟的直接投资约为1220亿新元，是欧盟的第七大

① 张磊：《新加坡：2021年回顾与2022年展望》，《东南亚纵横》2022年第1期。

外商投资国。2018 年，双边货物贸易额更是超过 1140 亿新元。欧盟成为新加坡的第三大商品贸易伙伴，而新加坡是欧盟在东盟的第一大商品贸易伙伴。①

基于双方密切的经济联系，新加坡和欧盟于 2018 年 10 月签署了具有里程碑意义的《欧盟—新加坡自由贸易协定》（EUSFTA）、《欧盟—新加坡投资保护协定》（EUSIPA）和《欧盟—新加坡伙伴关系与合作协定》（ESPCA）。这些协议使双方深化了经济合作，并扩大了合作范围。通过取消关税、扩大服务部门准入，以及减少技术和非关税壁垒，该协议使新加坡企业有更多机会参与欧盟的政府采购项目，并受益于严格化的知识产权保护规则。此外，新加坡还分别与法国和瑞士签署了《新加坡—法国联合创新宣言》《新加坡—法国战略伙伴关系联合宣言》和《新加坡—瑞士加强伙伴关系宣言》。②

## （六）参与的国际组织和多边治理机制

作为一个小国，新加坡确立了有自身特色的外交

① Ministry of Trade and Industry of Singapore, "EUSFTA", April 19, 2021, https://www.mti.gov.sg/Improving-Trade/Free-Trade-Agreements/EUSFTA.

② Minister of Foreign Affairs of Singapore, "Europe", August 5, 2021, https://www.mfa.gov.sg/SINGAPORES-FOREIGN-POLICY/Countries-and-Regions/Europe.

模式。由于新加坡经济发展模式的相对单一性、资源稀缺性，新加坡在参与国际事务的过程中并非处于中心舞台，其对周边环境也一直保持高度的警惕性。根据自身的具体国情，新加坡更多采取自我保护的方法以寻求经济和安全的利益最大化，并力图在追求国际体系势力均衡的目标过程中，获得最基本的安全自助能力。①

在冷战结束后国际秩序和国家实力对比发生巨大变化的背景下，少数几个大国已经难以垄断全球政治经济事务。小国虽然不能主导全球性的外交议程，但也有可能利用自身优势在特定问题议程上提升外交的主动性甚至是主导性。新加坡正是在这一指导思想下积极参与全球治理并开展多边外交。②

新加坡与 175 个国家保持外交关系，积极参与许多区域和国际组织，其中包括东南亚国家联盟、联合国、世界卫生组织（WHO）和亚太经合组织。新加坡之所以能够成功地在国际政治中发挥重要作用，主要得益于务实的对外政策，能够根据国际局势的变化和需要，率先提出新的建议或倡导成立新组织。

新加坡的外交背景和基本目标一直非常明确。第

① 赵儒南：《新加坡参与“一带一路”及中新合作研究》，《亚太经济》2021 年第 1 期。

② 王琛：《小国的自我认知与外交行为：冷战后新加坡外交的演变与新挑战》，《太平洋学报》2021 年第 2 期。

一，利用有限的资源谋生；第二，作为缺乏战略缓冲区的领土小国，其外交目标就是致力于制造和确保外部政治和经济空间。新加坡前外交部长拉惹勒南指出，推动新加坡承诺并支持联合国宪章的是自身利益而不是理想主义。国际组织赋予小国和大国平等的发言权，国际法也使纠纷能够通过法律途径解决，而不是诉诸武力从而使效果处于不利地位。鉴于新加坡优越的地理位置及全球化都市的声誉，以及对国际法和国际组织的一贯支持，许多国际组织决定将亚洲总部设立在新加坡，这让新加坡间接享有更大影响力。①

新加坡积极通过国际制度以及国际法来维护本国利益，并且促使其他国家遵守国际规则。在与马来西亚协商水资源问题时，新加坡倾向于使用国际法和条例维护自身利益，促使马来西亚遵守所签订的水资源协定。作为小国，新加坡只能诉诸法律手段。除此之外，新加坡还借助专业优势和多边外交舞台，向国际社会提供公共产品，扩大国际影响力。

新加坡是东盟的创始成员国，并在东盟从区域组织向国际合作平台的发展过程中发挥了重要作用。自独立以来，新加坡政府高度重视经济上的发展，在外交上也一贯主张区域间的团结与合作。新加坡的外交

---

① 卢姝杏：《新加坡的外交原则及其对华政策（1990—2010）》，《东南亚研究》2011 年第 5 期。

实践始终贯彻着这样的理念：不同意识形态的国家应克服政治体制的不同，共同开展区域合作，实现互利互助，共同应对恐怖威胁和风险，共同建设一个安全和平的亚洲。那些经济发展较好的国家应抛弃偏见，团结起来，帮助发展能力不足的国家，助力地区和平稳定。

新加坡前总理李光耀认为，除了参与基于种族或意识形态的排他性的联盟或者集团之外，新加坡可以从任何联盟或者集团中获益，作为一个资源有限的小国，通过协商和共建参与联盟或集团是维持其独立的唯一途径。正是基于这样的指导思想，在李光耀执政时期，新加坡一直将与马来西亚和印度尼西亚的睦邻友好关系放在首位。

加入东盟，也是新加坡为生存和发展做出的选择。新加坡高度重视东盟，将其作为开展经济外交的立足点，与成员国开展经贸合作。同时，新加坡还给予落后国家经济援助。在缅甸遭遇风暴灾害后，各国外长聚集新加坡共商救援和重建策略。而当菲律宾遭遇台风，受到重大人员和经济损失时，新加坡红十字会迅速开展救援活动。

此外，新加坡开展了对东盟各成员国的一对一援助。为协助越南提升经济发展环境，新加坡为越南提供了以卫生保健、金融、政府管理等为主题的官员与职员培训项目，还开展了英语培训，建立了新加坡—越南培训中心，以促进越南经济发展。新加坡与泰国也就增进21世纪的伙伴关系在科技、教育、旅游和电讯等方面积极开展合作。①

作为东盟经济最发达的国家，新加坡通过这一系列的援助行动，塑造了积极负责、友好睦邻的伙伴形象。更重要的是，新加坡的这些举措有力地把东盟各成员国团结起来，相互学习共同发展，维护了东盟各国的稳定与安全，缩小了各成员国之间的差距，拓宽了合作范围，优化了合作形式，提升了新加坡的国际形象，为今后在国际舞台上发挥更大的作用奠定了基础。

除了通过东盟等多边外交平台进行人道主义援助外，新加坡还积极参与到其他国际组织当中，争取在全球治理中发挥更大的作用。1993年，新加坡成为亚太经合组织秘书处的所在地。新加坡还带头成立了由28国组成的非正式组织“国际治理小组”，并提出将20国集团纳入成员国的建议，因此被邀请参加了2010年在韩国庆州举行的20国集团会议。此外，新加坡还在国际金融组织、联合国儿童基金会等18个国际组织中发挥积极作用。2022年10月1日，新加坡在第41

① 王琛：《小国的自我认知与外交行为：冷战后新加坡外交的演变与新挑战》，《太平洋学报》2021年第2期。

届国际民用航空组织（ICAO）大会上，再次连任理事会成员国。

新加坡在1992年成立了新加坡合作计划（SCP）。作为新加坡外交部的下属机构，新加坡合作计划是该国公共外交的重要组成部分，主要是针对发展中国家展开技术培训。新加坡合作计划截至2022年有50个合作伙伴，已经为来自180个国家、地区和国际组织的近15万名政府官员提供了经济发展培训。① 这种做法不仅履行了作为一个发达国家应当承担的责任和义务，展现了新加坡良好负责任的国家形象，其多边合作的形式也大幅度提高了项目合作的可行性，帮助受到援助的国家从根源上解决发展存在的问题，用最小的成本赢得最大的国际认可。

与此同时，新加坡还在一些全球问题上积极发挥专长，通过设置相关合作议程，提高国际影响力。新加坡积极推动与世界卫生组织（WHO）在饮用水安全标准方面的合作，并成为标准制定者。2007年，新加坡与WHO签署合作协议，在全球缺水地区促进饮用水安全。2012年，新加坡公用事业局水务署被WHO委任为饮用水安全管理和城市水源综合管理的合作中心，并于2016年再次获得委任。新加坡还为WHO成员国，

① 新加坡合作计划官方网站，https：//scp. gov. sg/startpublic/#！/aboutUs/aboutUs#aboutUs，2022年12月3日访问。

特别是在东南亚和西太平洋国家提供了培训课程和能力建设活动。通过这些合作向国际社会提供了关于饮用水方面的标准，新加坡在议定价格和管理相关资源方面获得了国际影响力。

随着国际社会非传统安全问题的增加，新加坡凭借管理和技术上的优势，抓住契机发挥作用，积极筹办国际会议与论坛。新加坡在国务资政吴作栋的建议下，倡导成立亚欧会议，参与国际组织与人道主义救援，向世界输出自身的管理经验和技术标准。新加坡的成功得益于其对相关议题的认识和判断，依靠自身的智慧和管理经验在非对称的国家体系中找到了问题的解决之道。

新加坡在推动中国—东盟对话关系方面也发挥着重要作用。新加坡在2015—2018 年担任中国—东盟对话关系协调国，鼓励主权声索国保持自我克制，根据《联合国海洋法公约》等国际法和平解决分歧，推动东南亚区域间合作。新加坡与中国的合作模式也促进了东盟的进一步发展，新加坡采取以“双边”促进“多边”的联动合作模式。新加坡是首个与中国签订自由贸易协定的亚洲国家，中新合作的成功经验打消了东南亚其他国家对中国外交政策和经济发展模式的担忧。

新加坡之所以能在东盟内部以及与中国的合作中发挥重要作用，主要由于以下原因。首先，新加坡高度自由的经济体制，特别是其与全球金融市场的紧密联系，能够为合作项目提供资金支持。新加坡推行“多层次贸易战略”，并在双边、多边和区域等各层面全面推动贸易自由化以及自由贸易协定的升级。这就为双边和多边的合作提供了制度保障。其次，新加坡是东南亚地区最为发达的市场经济国家，很多大的跨国企业纷纷把自己的亚洲总部设在新加坡。随着东盟内部贸易日益紧密，中国与东南亚国家各领域的合作进一步深化，新加坡作为跨国企业总部的优势将会进一步起到牵线搭桥的作用，促进资金和技术流入这些国家。

在疫情和贸易保护主义抬头的情况下，全球多边体系面临着信任危机，这使得亚洲国家之间的多边合作变得更加可贵，并起到示范作用。由于疫情在全球范围内的持续扩散，一些东南亚国家开始依靠多边机构来填补筹资缺口，进一步体现了通过区域多边合作机制开展合作的优势。2020 年 5 月 21 日，联合国亚太经社会第 76 届年会协商一致通过“加强亚太区域合作，应对传染病和危机的经济社会影响”的决议，呼吁亚太各国坚守多边主义，强化区域团结与协作，共同应对疫情冲击。①

① 《亚太国家通过决议呼吁坚守多边主义团结合作抗击疫情》，人民网，2020 年 5 月 22 日，http://world.people.com.cn/n1/2020/0522/c1002-31719039.html。

在疫情蔓延期间，东南亚各国积极采取措施促进地区繁荣和稳定。2020 年 2 月，“中国—东盟关于新冠肺炎问题特别外长会”在老挝万象举行，中国与东盟国家就疫情防控问题和经验展开交流。2020 年 6 月，第 36 届东盟峰会发表主席声明，东盟宣布设立基金以应对疫情。[①] 新加坡是东盟国家中受疫情影响最严重的国家，但与中国一样都提供了重要物资，通过抗疫合作，地区多边机制建设中常被忽视的领域，例如流行病、医疗以及疫后重建等得到了重视。

---

① 《东盟宣布设立基金应对疫情》，光明网，2020 年 6 月 27 日，https：//m. gmw. cn/2020 – 06/27/content_ 1301319483. htm。

# 三 “一带一路”倡议下的中新经贸合作

## （一）两国经贸合作的坚实基础

长期以来，中国与东盟国家在经济、文化等领域交流密切。东盟成立后，东南亚各国基于“新地区主义”考量加强了与中国的合作，而中国与新加坡的双边关系是其中的重要组成部分。

新加坡与中国的合作主要在经济领域展开。虽然在安全和防务领域通过巩固与美国的关系而采取了“对冲”战略，但新加坡非常重视与中国发展经贸关系，促进本国经济发展，深化地区合作，维护东南亚地区的大国势力均衡。

首先，中新两国共同推进了多个政府之间合作项目。1994 年，两国政府建立了中新苏州工业园区，成为基于国家发展战略下展开的地区性合作先驱；2007

年，中国和新加坡开始推进“中新天津生态城”的建设；随后，两国先后建设了广州知识城、四川高新技术创新园、南京生态高新技术岛和吉林食品区等政府间合作项目。这些项目使新加坡的资本及创新优势和中国的劳动力和土地优势充分发挥，为促进两国经济发展创造了新的契机。

其次，新加坡是首个与中国签订自由贸易协定的亚洲国家。2006 年，中国开始与新加坡进行自贸区谈判。2008 年，两国正式签订《中华人民共和国政府和新加坡共和国政府自由贸易协定》。2017 年，两国对该自贸协定进行全方位升级，双方在有关投资、原产地规则、贸易救济以及其他规则议题等方面进行协商，并达成统一。在共建自由贸易区的过程中，两国消除了贸易壁垒，市场的竞争性增强，通过加快创新研发的步伐，提高了产品与服务质量。同时，新加坡成熟且自由的金融体系缓解了合作项目面临的资金困境，资源配置得以优化。

中新合作的成功在一定程度上减轻了东南亚国家对中国发展模式的担忧，为中国与其他国家签订高水平自由贸易协定打造了样板。2018 年 11 月，中新签署《自由贸易协定升级议定书》，对原中新自由贸易协定的原产地规则、海关程序与贸易便利化、贸易救济、服务贸易、投资、经济合作 6 个领域进行了升级，还新增了电子商务、竞争政策和环境3个领域，升级议定书已于2019年10月生效。[①] 根据升级议定书规定，双方于2020年12月宣布启动升级后续谈判，致力于采用负面清单方式开展服务贸易和投资自由化谈判，全面提升双边贸易投资自由化便利化水平。[②] 2021年以来，双方已举行四轮谈判，在文本和市场准入磋商方面取得了重要成果。2022年8月1日，中国商务部与新加坡贸易与工业部举行了自贸协定升级后续谈判第四轮谈判首席谈判代表会议。双方就有关章节文本、服务贸易和投资负面清单等议题进行了磋商，取得积极进展。[③]

中国和新加坡还在“一带一路”倡议的框架下加快建设跨国经济走廊。中新经济走廊始于南宁和昆明，经东南亚各国，连接到新加坡的公路与铁路网，形成了南新经济走廊（南宁—新加坡）和昆新经济走廊（昆明—新加坡）。这一经济走廊有效地增强了两国之

---

① 新浪财经：《中国—新加坡自贸区升级后续谈判取得积极进展 下轮将开启服贸与投资负面清单磋商》，2021年6月25日，https：//baijiahao. baidu. com/s？ id = 1703547140698064597&wfr = spider&for = pc。

② 中华人民共和国商务部：《中国与新加坡自贸协定升级后续谈判取得积极进展》，2021年12月15日，http：//www. mofcom. gov. cn/article/xwfb/xwrcxw/202112/20211203228711. shtml。

③ 中华人民共和国商务部：《中国与新加坡举行自贸协定升级后续谈判第四轮谈判首席谈判代表会议》，2002年8月3日，http：//www. mofcom. gov. cn/article/xwfb/xwrcxw/202208/20220803338161. shtml。

间经济要素的流动，发挥了地方层面的比较优势，进一步促进了双方优势互补。①

最后，随着数字经济在全球的快速发展，中新在数字经济领域的合作也不断加强。2021 年 10 月，深圳—新加坡智慧城市合作联合执委会第二次会议召开，双方签约了 4 个新的合作项目谅解备忘录，包括电子发票、5G、物联网和区块链联合创新、智能机器人和智慧农业合作等，以帮助新加坡和深圳的企业利用有利的商业和监管环境，加强数字贸易合作，实现数字化转型。② 该会议进一步深化了中新双方在数字经济和政策创新等领域的合作，架起了两国数字连接的桥梁。为进一步推进数字合作，2022 年 6 月 13 日，中国和新加坡在瑞士日内瓦签署了《关于加强数字经济合作的谅解备忘录》。两国希望携手探索共同增长机会，促进在数字经济领域的双边合作和交流，包括加强投资合作和数字贸易方面的合作、互相介绍在数字经济监控

① 刘光辉：《“一带一路”发展下中国和新加坡区域经济合作新格局》，《对外经贸实务》2019 年第 7 期。

② Ministry of Communications and Information of Singapore，“Four New MOUs Signed at the 2nd Singapore – China（Shenzhen）Smart City Initiative Joint Implementation Committee Meeting To Accelerate Digital Economy Collaborations”，October 24，2021，https：//www. mci. gov. sg/pressroom/news – and – stories/pressroom/2021/10/four – new – mous – signed – at – the – 2nd – singapore – china – （shenzhen） – smart – city – initiative – joint – implementation – committee – meeting – to – accelerate – digital – economy – collaborations.

和政策制定方面的最佳实践方式、推动数字化服务，以及建立可信安全的数字环境。①

## （二）“一带一路”倡议进一步提升中新合作

2013 年 9 月和 10 月，中国国家主席习近平先后提出了共建“新丝绸之路经济带”和“21 世纪海上丝绸之路”的倡议。根据一带一路网数据，截至 2023 年 1 月 6 日，中国已经同 151 个国家和 32 个国际组织签署了 200 多份共建“一带一路”合作文件②，其中新加坡是“21 世纪海上丝绸之路”沿线的重要国家。作为东盟经济最发达的国家，新加坡是东南亚的经济枢纽、全球最大的人民币离岸结算中心之一。加上扼马六甲海峡咽喉的战略要塞地位，新加坡成为中国在“一带一路”倡议下的重要合作伙伴，双方的合作水平不断迈向历史新高。

2017 年 2 月，中新双边合作委员会会议确定将

① 中华人民共和国商务部：《新加坡与中国签署两份谅解备忘录加强绿色与数字经济合作》，2022 年 6 月 14 日，http：//sg. mofcom. gov. cn/article/jrkj/zdxm/202206/20220603318588. shtml。

② 一带一路网：《已同中国签订共建“一带一路”合作文件的国家一览》，2023 年 2 月 10 日访问，https：//www. yidaiyilu. gov. cn/info/iList. jsp？ tm_ id = 126&cat_ id = 10122&info_ id = 77298。

“一带一路”建设作为两国未来合作的新重点。5月，新加坡代表团出席第一届“一带一路”国际合作高峰论坛，并与中方签署“一带一路”建设合作谅解备忘录。2018年4月，新加坡总理李显龙访华，双方签署“一带一路”第三方市场合作备忘录。8月，新加坡工商联合总会连续第四年主办以“海上丝绸之路”为主题的区域商务论坛。9月，中国副总理韩正访问新加坡，并与新方主持召开会议，两国同意继续推进共建“一带一路”倡议，将中新互联互通陆海新通道作为合作的新亮点。[①] 2019年，新加坡总理李显龙在出席第二届“一带一路”国际合作高峰论坛时指出，新加坡是中国最大的外资来源国，中国是新加坡最大的贸易伙伴，中国很多投资通过新加坡投入到“一带一路”参与国中。目前，两国已确立了全方位合作伙伴关系，这将为两国发展提供更多动力和机会，并使两国经济进一步快速发展。[②]

在“一带一路”倡议框架下，中新在互联互通、金融服务、开拓第三方市场、专业服务等领域加强了

① 中华人民共和国驻新加坡经商参处：《中国和新加坡“一带一路”合作情况》，《世界热带农业信息》2018年第12期。

② 《高端访谈：重庆互联互通示范项目可为区域国家发展提供服务——访新加坡总理李显龙》，2019年4月23日，中华人民共和国中央人民政府官网，http://www.gov.cn/xinwen/2019-04/23/content_5385543.htm。

合作。第一，中国和新加坡在已有的政府间合作项目基础上加强推进两国的互联互通。苏州工业园区堪称两国合作的“旗舰项目”，该项目始于 1992 年，目前已在工业、服务业、科技创新等领域取得重大成就，并构成了两国在“一带一路”倡议框架下深化合作的重要基础。此外，天津生态城也是中国和新加坡的重要合作成果。2007 年，中新双方签署了《中华人民共和国政府与新加坡共和国政府关于在中华人民共和国建设一个生态城的框架协议》。此后两国基于绿色生态的发展理念共同进行生态城建设。近年来，中国和新加坡突破传统合作模式进一步加强合作。截至 2022 年 9 月，在中新（重庆）战略性互联互通示范项目中，双方所推行的建设项目多达 218 个，涉及总金额高达 252.6 亿美元①，该项目进一步促进了两国间的贸易融合和经济互联互通。目前，中新正在开展中新广州知识城项目、中新互联互通陆海新通道等其他合作。新加坡还成立了亚洲基础设施发展局，旨在为基础设施项目的规划、融资和落实合作搭建平台。

第二，中国和新加坡在金融服务领域开展了密切的合作。新加坡是一个具有世界影响力的国际金融中

① 中华人民共和国国务院新闻办公室：《重庆举行中新（重庆）战略性互联互通示范项目“国际陆海贸易新通道”合作规划发布会》，2022 年 6 月 8 日，http：//www.scio.gov.cn/xwFbh/gssxwfbh/xwfbh/chongqing/Document/1725385/1725385.htm。

心，基于此，中国通过与新加坡在此领域开展合作来推进人民币国际化的进程。2014 年，中国和新加坡完善了主要货币的直接交流兑换措施，并且在银行之间外汇市场开展人民币对新加坡元直接交易；2016 年，两国央行续签双边本币互换协议，中新金融合作加速向民间扩展。此外，中国在新加坡建立金融贸易交易所、推出了新加坡物流资源贸易的相关交易种类，中国的商业银行和证券公司在新加坡设立分支机构，这些举措都加快了中新两国的官方交往和民间交流。截至 2018 年，新加坡已成为全球最大的人民币离岸结算中心之一。以中国工商银行新加坡分行为例，该行在 2017 年就已达到全年清算 43.66 万笔，清算金额 43.85 万亿元人民币的规模。①

第三，中国和新加坡合作开拓第三方市场。“第三方市场合作”旨在将中国的优势产能和先进技术与发展中国家的现实需求进行对接，是“一带一路”倡议下深化国际产能合作的重要标志。中新两国企业合作在第三方市场开展项目、为第三国企业提供资金，这不仅提升了自身的国际化水平，而且使企业在社会规范、环境标准等方面的表现更加优秀。

---

① 中华人民共和国商务部：《中新“一带一路”合作情况》，2018 年 10 月 24 日，http：//sg. mofcom. gov. cn/article/ztjx/zxhzqk/201810/20181002799146. shtml。

在此基础上，中国与新加坡在开拓第三方市场层面的合作不断升级并逐步机制化。2018 年 4 月，中新签署了《关于开展第三方市场合作的谅解备忘录》，并在一年后升级为《关于加强中新第三方市场合作实施框架的谅解备忘录》，提出“双方同意鼓励两国企业在基础设施、产业园区、数字经济、航运物流等领域加强共建‘一带一路’框架下的第三方市场合作”。[①] 2019 年，新加坡总理李显龙在第二届“一带一路”国际合作高峰论坛中强调，新加坡和中国应超越传统的“中心与辐射”双边合作模式，寻求与第三国的合作。新加坡商界也积极参与其中。新加坡国际企业发展局收集了大量数据为中新公司的合作搭建桥梁，并为中国发改委等机构和商业银行与新加坡企业合作开展项目创造机会。2016 年 9 月，新加坡国际企业发展局和中国发改委的国际合作中心在北京联合举办了第二次“新—中一带一路圆桌会议”，商讨在东南亚或以外的第三国进行合作的问题。

第四，中新两国在专业服务领域展开合作。每年都有中国专业人员赴新加坡深造，而新加坡也设立了相关服务培训专业项目，对“一带一路”沿线国家的

① 《中国与新加坡力拓“一带一路”合作新空间》，2018 年 11 月 11 日，新华网，http：//www. xinhuanet. com/silkroad/2018 - 11/11/c_1123696275. htm。

官员进行培训。其中，新加坡尤其重视为企业提供法务方面的支持，利用现有的市场和社会机制来解决商业纠纷，避免经济问题政治化。① 此外，新加坡国际调解中心和中国国际贸易促进委员会、中国国际商会调解中心于2017年签署谅解备忘录，建立了解决“一带一路”跨境合作相关争议的机制。② 新加坡前驻华大使罗家良指出，“中国有很多有才之人，创新能力也很强。我们希望把中国的科技引入到新加坡”。他还指出，新加坡希望能够引入中国的科技，并与中国的领导型创新企业合作，把他们的产品和服务推广到整个东盟地区。③

## （三）中新合作的积极影响与代表性合作项目

首先，中国与新加坡在“一带一路”倡议框架下的合作加强了两国的经贸联系，并促进了两国整体经

---

① 齐嘉欣：《中国和新加坡“一带一路”现状与成效》，《中国市场》2020年第9期。

② 《中国与新加坡力拓“一带一路”合作新空间》，2018年11月11日，新华网，http://www.xinhuanet.com/silkroad/2018-11/11/c_1123696275.htm。

③ 《新加坡驻华大使：“一带一路”是两国未来发展的主要焦点》，2018年3月13日，人民网，http://world.people.com.cn/gb/n1/2018/0313/c1002-29865722.html。

贸水平提高。在投资领域，近年来，中新双边投资年度流量稳步增长。根据新加坡国家统计局的数据，中国对新加坡的直接投资总额由2007年的3.98亿美元增长到2018年的35.5亿美元，增长了8.92倍。[①] 相较之下，新加坡对中国的直接投资总额呈现波动增长的趋势，但整体来看，新加坡依然是中国重要的投资合作伙伴。就投资领域而言，新加坡主要对中国的金融保险业、批发零售业、制造业等行业进行投资，而中国对新加坡的投资则主要集中在金融保险服务、批发零售业、房地产等行业。2018年，中国对新投资占中国对“一带一路”沿线国家投资总额的22.7%，新加坡对华投资占沿线国家对华投资总额的80%以上，在中国与“一带一路”沿线国家双向投资中位居榜首。[②]

在贸易领域，中新双边货物贸易额占中国与“一带一路”沿线国家贸易总额的7%，且新加坡是中国在“一带一路”沿线国家中的第一大服务贸易伙伴。近十年来，中新双边货物贸易额呈波动增长趋势。“一带一路”倡议实施以来，两国贸易合作提升到了更高

---

① 刘光辉：《“一带一路”发展下中国和新加坡区域经济合作新格局》，《对外经贸实务》2019年第7期。

② 中华人民共和国商务部：《中新“一带一路”合作成果专题之五：中新双向投资齐头并进》，2019年4月24日，http://sg.mofcom.gov.cn/article/dtxx/201904/20190402856146.shtml。

的水平。除2016年以外，中新贸易总额大都保持在约800亿美元。[①]

其次，中新两国在合作过程中进行了卓有成效的发展经验共享。具体而言，新加坡与中国沿海城市广泛开展平等、稳定、互惠的经济与政治合作，在地方层次展开交流，分享经验。在此过程中，双方重视经验的动态化共享而非模式化共享，主要包括对过去合作经验和当下应对突发事件经验的共享。在这种动态化的共享机制下，两国能够基于当前国际形势和现实需要形成地区间和国家间合作机制，从而以“务实”为出发点让多个互动方获得红利。

值得注意的是，中新合作并非旨在构建具有排外性的双边机制，而是具有相当的开放性和包容性，并且着眼于借助整体联动以保证其务实合作的阶段性建设绩效。[②] 基于共同利益和全球视野，中新两国携手建立了强有力的政府间合作框架，将政府间合作成果与“一带一路”倡议、《自由贸易协定升级议定书》和《区域全面经济伙伴关系协定》等框架对接，推动两国合作经验在地区和全球层面的扩散。

最后，中新双边合作提升了两国的综合竞争力。

---

① 厉伟、赵儒南：《中国与新加坡的政府间合作及经贸关系》，《现代国际关系》2017年第9期。

② 陈伟光：《论21世纪海上丝绸之路合作机制的联动》，《国际经贸探索》2015年第3期。

被视为高附加值制造业全球领袖的新加坡与被称为“世界工厂”的中国在“一带一路”倡议框架下的合作提升了两国的综合创新能力，并为全球产业链持续注入了创新价值。两国不仅关注传统经济领域，也在绿色、治理等领域进行了极具意义的探索。值得注意的是，两国的合作不仅提升了其在产业层面的竞争力，更建立起了成熟的商业生态系统，服务于东南亚地区包括基础设施建设在内的整体性建构。[①] 这些努力提升了中新两国在诸多领域的技术实力和话语权，并且开辟了更广泛的市场，为经济发展提供动力。

中国与新加坡在“一带一路”倡议框架下的合作项目较多，其中具有代表性的政府间合作项目包括前文提到的苏州工业园区、中新天津生态城，以及中新（重庆）战略性互联互通示范项目。

苏州工业园区于 1994 年 2 月经国务院批准设立，同年 5 月实施启动，行政区划面积 278 平方公里（其中中新合作区 80 平方公里），该项目被誉为“中国改革开放的重要窗口”和“国际合作的成功范例”。

苏州工业园区遵照“先规划、后建设”，“先地下、后地上”的原则，保持了城市规划建设的高水平和高标准。围绕 80 平方公里的“中新合作区”，布局

---

① 赵儒南：《新加坡参与“一带一路”及中新合作研究》，《亚太经济》2021 年第 1 期。

商务、科教创新、旅游度假、高端制造与国际贸易四大功能板块，形成“产城融合、区域一体”的城市发展架构。2021 年，苏州工业园区的地区生产总值为 3330.3 亿元，规上工业总产值 6345.5 亿元，进出口总额共计 1119.7 亿美元，社会消费品零售总额 1102.7 亿元。在中国商务部公布的国家级经开区综合考评中，苏州工业园区连续六年（2016—2021 年）位列第一，在国家级高新区综合排名中位列第四，并跻身科技部建设世界一流高科技园区行列。①

随着可持续发展理念在全球的传播，2008 年天津生态城项目开发计划应运而生。天津生态城作为全球首个由国家间开发建设的生态城区，不仅充分发挥了绿色环保可持续发展的理念，还吸引了众多境外优质企业进行投资。中新天津生态城与吉宝集团共同投资建设了中新合资公司，其注册资金为 40 亿元人民币，双方各占比五成。② 生态城建成区面积达 19 平方公里，在生态城工作和生活的人口超过 12 万人。同时，生态城拥有 34 所学校，近 23400 名学生；四个社区中心、一座图书馆、六座商业综合体、多家餐馆、多处健身场所、两所医院、多个星级及经济型酒店。这些配套

① 苏州工业园区管理委员会：园区简介，http：//www.sipac.gov.cn/szgyyq/yqjj/common_tt.shtml。

② 刘光辉：《“一带一路”发展下中国和新加坡区域经济合作新格局》，《对外经贸实务》2019 年第 7 期。

设施都建在住宅项目周边15分钟步行范围内。按照规划，一条连接生态城与天津其他区域的城市轨道交通（滨铁2号线，原Z4线）将于2023年投入运营，届时将形成一个完善的公共交通体系。

2019年开始，生态城的开发重心向北推进至中部片区。此片区是生态城的核心区域，将融入更多的新加坡元素。生态城中部片区规划面积4.5平方公里，规划人口约5.8万人，是生态城“十三五”时期的重点建设区域。这里将拥有更好的居住环境、便利的交通设施、更丰富的商业和文化设施以及知名的学校。除基础设施建设外，生态城的工作重点也将向“心件”转移，以加强中国与新加坡的人文和教育交流。①

2015年11月，中国国家主席习近平访问新加坡，正式启动了中新（重庆）战略性互联互通示范项目，并确定项目运营中心设在重庆，以此带动西部地区发展。该项目以“现代互联互通和现代服务经济”为主题，以互惠共赢、商业可实现、发展可持续、模式可复制为原则，力争实现降低物流和融资成本、增强项目辐射能力和可复制性的目标。为此双方在金融服务、航空产业、交通物流、信息通信四个重点领域积极开

① 中新天津生态城投资开发有限公司：《最新进展》，2021年12月1日，http：//www. tianjineco - city. com/static/web//singapore5. html? lang = zh - cn。

展合作。目前该项目运行良好，重点领域合作稳步推进。

截至2021年年底，中新（重庆）战略性互联互通示范项目累计签署商业合作项目163个、金融领域合作项目208个，累计合作金额超480亿美元。项目框架下的“南向通道”，以重庆为中心，向北连接丝绸之路经济带，向南经广西与新加坡等东盟国家通过海运连接“21世纪海上丝绸之路”，形成“一带一路”经中国西部地区的完整环线，是一条极具意义的国际陆海贸易新通道。2017年9月“南向通道”常态化运行班列首发。2018年11月，中新两国政府签署《关于“国际陆海贸易新通道”建设合作备忘录》。目前，陆海新通道的国际铁海联运（重庆—北部湾）、国际铁路联运（重庆—越南河内），重庆—东盟跨境公路运输规模日益增长，网络已覆盖106个国家和地区、311个港口。2021年，陆海新通道累计开行国际铁海联运班列1493列；跨境公路班车2599车次。①

随着中新互联互通项目持续推进，西部通道建设取得积极成效。作为我国西部地区与东盟贸易往来最快速、最便捷通道，西部陆海新通道充分发挥了铁海联运的优势，实现物流运输无缝对接，大幅降低了物流成本，助力企业高质量发展。同时，在西部陆海新

① 曾菁华：《中新互联互通的重庆实践》，《瞭望》2022年第6期。

通道建设进程中，基础设施和服务不断升级、优化，西部陆海新通道铁海联运班列图定线路由 9 条增至 12 条。西部陆海新通道已经成为带动西部地区经济社会发展的重要引擎，进一步提升了中西部地区对外开放水平。据统计，2021 年广西和云南对东盟外贸进出口额分别约占全年进出口额的50%和40%。两省依托西部陆海新通道等国家战略的实施，积极与周边国家合作，把区位优势转化为发展优势，实现了更高水平的对外开放。[①]在全球疫情持续之际，西部陆海新通道货运量逆势上扬，为全球经济增长带来了强劲活力和信心。

2022 年 6 月，由中新双方共同编制的《中新（重庆）战略性互联互通示范项目“国际陆海贸易新通道”合作规划》（简称《合作规划》）正式印发。中国与新加坡将围绕“国际陆海贸易新通道”充分挖掘中国西部与东盟合作潜力，共塑“一带一路”建设新亮点。[②]《合作规划》提出，到 2025 年，基本建成连接中国西部和东盟之间高效便捷、开放畅通、安全稳定、具有竞争力的贸易物流、产业合作与科技人文交流的

① 《西部陆海新通道为高质量发展注入强劲动能》，2022 年 7 月 15 日，广西新闻网，http：//opinion. gxnews. com. cn/staticpages/20220715/newgx62d1341f－20827611. shtml。

② 《陆海新通道合作规划发布 中新将推动多元合作》，2022 年 6 月 13 日，中国日报网，https：//baijiahao. baidu. com/s? id = 1735493820101882214&wfr = spider&for = pc。

陆海新通道，初步形成跨国跨区域合作新机制。陆海新通道规划形成“双枢纽、多支点、多通道”的网络发展格局，即以重庆和新加坡为“双枢纽”，以南宁、成都等中国西部重要城市为“多支点”，以钦州等中国北部湾港口为重要交汇点，通过铁路、公路、水路、空运等多种运输方式组合形成“多通道”，高效连接中国西部与东盟国家。[①] 西部陆海新通道将进一步展现出强大活力，成为 RCEP 框架下中国进行国际交流合作的重要桥梁纽带。

中国与新加坡在“一带一路”倡议框架下的合作之所以能取得上述丰硕成果有赖于新加坡对合作项目的积极参加，而这又源于新加坡的诸多主客观特质。从客观因素来看，首先，新加坡位于马六甲海峡窄端，在全球航运网络中享有地缘优势，发挥着中国海上能源物资运输核心中转站的作用。“一带一路”倡议下的贸易合作为新加坡提供了显著的双向货运量支持，从而能够巩固新加坡港在亚太地区重要的转口港地位。[②] 基于此，新加坡对“一带一路”倡议内的贸易合作持有积极态度。

---

① 《陆海新通道将加强五大领域合作　到 2025 年沿线地区对东盟贸易总额预计达 1800 亿美元》，2022 年 6 月 8 日，https：//baijiahao.baidu. com/s？ id = 1735065657173280844&wfr = spider&for = pc。

② 杨祥章、郑永年：《“一带一路”框架下的国际陆海贸易新通道建设初探》，《南洋问题研究》2019 年第 1 期。

其次，“一带一路”倡议还将在更广泛的意义上提升新加坡的经济实力和地缘政治影响力。一方面，与中国的经济合作将为新加坡提供难得的发展机遇，从而扩大经济体量；另一方面，加强中新合作有利于新加坡更好地在大国间保持战略平衡，进而扩大在东盟地区甚至全球层面的地缘影响力。

从主观因素来看，新加坡积极参与“一带一路”倡议有其现实利益诉求。一方面，为了维持大国影响力在该地区的平衡，新加坡的优先选择是广泛参与区域一体化倡议与各种双多边合作协议，从而避免单一力量在新加坡乃至东南亚获得过大的影响力；另一方面，新加坡国土面积和人口有限，国内市场狭小，从而其经济对外依赖程度高。在此背景下，新加坡如果希望促进经济发展、拓展生存空间，那么参与“一带一路”倡议从而增加外部机遇就成为了理想的选择。“一带一路”倡议的实施促进了跨洲经济整合，这将有利于新加坡将本国在基础设施、清洁能源工业、金融业等领域的优势向外扩散，创造更多就业机会。① 同时，新加坡良好的市场规制环境与透明且稳定的政府治理体系使其成为一个良好的投资目的地。“一带一路”倡议的推进将有利于增加新加坡的资金流入量，

① 王虎、李明江：《支持、参与和协调：新加坡在实施“一带一路”倡议中的作用》，《南洋问题研究》2016 年第 4 期。

为其经济发展提供动能。[①]

总体来说，在全球经济复苏不稳定、反全球化、民粹主义、贸易保护主义抬头的背景下，“一带一路”倡议为新加坡提供了新的发展契机，而新加坡的经济实力和发展经验又将有利于“一带一路”倡议内项目的顺利实施，并能增强自身的国际影响力。[②] 新加坡与中国在“一带一路”倡议框架下的合作，为世界树立了合作共赢的典范。

① 赵儒南:《新加坡参与“一带一路”及中新合作研究》，《亚太经济》2021 年第 1 期。

② 陈佳雯:《中国“一带一路”倡议对新加坡的影响》，《改革与开放》2018 年第 18 期。

# 四　新加坡投资环境与中新合作中可能面临的挑战

## （一）新加坡外商投资制度的发展和现状

新加坡之所以能建立起高度依赖贸易的开放型经济，其基础是投资体制的开放和自由，并且政府能坚定地致力于维护自由市场和积极管理新加坡的经济发展。2021 年，新加坡经济自由度得分为 89.7 分，连续第二年被评为世界上最自由的经济体，是世界上唯一在每个指数类别中都被认为是经济自由的国家。世界银行的《2020 年营商环境报告》中，新加坡在全球营商环境排名中位居第二位。世界经济论坛的《2019 年全球竞争力报告》将新加坡列为全球最具竞争力的经济体。此外，新加坡积极执行其强有力的反腐败法律，被列为亚洲最廉洁的国家和世界上最廉洁的国家之一。

透明国际（Transparency International）的2018年腐败感知指数将新加坡列为第四位最不腐败的国家。[①] 这些都使得新加坡成为国内外企业投资的热土。

### 1. 外商投资相关法律法规

新加坡经济发展局成立于1961年。《经济发展局法》规定了其职能和权力，其中第6条明确指出，其职能是吸引和便利本地和外国投资。

新加坡没有一部关于外国投资的法律，也没有一部管辖国内和外国投资的全经济投资法。相反，投资是由普遍适用的法律以及具体部门的立法来管理，如《合同法》和《公司法》。[②] 一般来说，除国防和个别特殊行业外，新加坡不限制外资进入，对外资企业一律给予国民待遇。其中，与投资相关的法律主要包括《企业注册法》《公司法》《合伙企业法》《合同法》《国内货物买卖法》《进出口管理法》《竞争法》等。对于企业的补贴及优惠政策措施主要依据《经济发展奖励（所得税免除）法》《所得

---

① U. S. Department of State, "2020 Investment Climate Statements: Singapore", June 19, 2021, https://www.state.gov/reports/2020-investment-climate-statements/singapore/.

② IISD. Investment Laws of ASEAN Countries, "A Comparative Review", September 2, 2021, https://www.iisd.org/publications/investment-laws-asean-countries-comparative-review.

税法》的相关豁免条款以及每年的政府财政预算案，出台税收优惠、贷款支持、专项津贴、股权融资和非金融援助等措施。

新加坡政府也采取一系列措施，进一步完善营商环境。政府部门不断加大对国民经济的公共投资，包括交通基础设施项目或鼓励向未来经济转移的计划。政府相关企业在国内经济中发挥主导作用，进而在投资中扮演引领者的角色。政府通过提供税收优惠、研究资助以及与国内研究机构的合作机会，积极推动国家成为企业的研发和创新中心。为了提高本地雇员与外国工人的比例，政府还推出了部分补贴新加坡工人招聘、雇用和培训成本的计划。

新加坡对外国投资的限制主要集中在一些敏感和特殊领域，包括电信、媒体、银行和土地所有权等。对外国投资的限制见于相关部门立法，如《报纸和印刷厂法》中对外国控制报业公司的限制，还有《广播法》《银行法》《证券期货法》《财务顾问法》《住宅物业法》《竞争法》等。在实践中，这些对外国投资的限制是由相关监管机构实施的。例如，新加坡金融管理局（MAS）通过《银行法》第7条规定的许可证制度对银行业的外国投资进行监管。作为新加坡的中央银行，该机构负责管理新加坡的汇率、外汇储备和银行业的流动性。此外，MAS还监管新加坡的所有金融机构。[①] 新加坡竞争与消费者委员会（CCCS）负责管理和执行《竞争法》，旨在促进新加坡市场的强大竞争文化和环境以及效率。该委员会可以调查和裁决反竞争活动，包括对侵权方实施经济处罚。

### 2. 外商投资现状

根据联合国贸发会议《2022 年世界投资报告》，2021 年新加坡外国直接投资流入量从一年前的 750 亿美元增至 990 亿美元。新加坡是世界第四大外国直接投资流入国，仅次于美国、中国大陆和中国香港。新加坡也是海外的主要投资者，2021 年 FDI 流出量为 470 亿美元。近年来，新加坡一直寻求在亚洲传统目标市场（中国、印度和越南）之外实现投资多元化。新加坡的主要投资者是美国、开曼群岛、英属维尔京群岛和荷兰。迄今为止，金融和保险活动是外国投资的主要接受者，占所有 FDI 存量的 53.4%，其次是批发和零售贸易以及制造业。

新加坡的经济发展基于融入世界大市场的战略，利用其贸易开放性来吸引外国直接投资是其中关键的举措。自世界银行营商环境排名首次发布以来，该国

---

① Monetary Authority of Singapore, "Monetary Policy Framework", Jan. 2, 2022, https://www.mas.gov.sg/monetary-policy/Singapores-Monetary-Policy-Framework.

一直处于领先地位，直到2018年被新西兰超越。2020年新加坡则保持了第二位的排名。对外国投资者有利的贷款、简单的监管体系、税收优惠、高质量的工业房地产园区、政治稳定和吏治清廉使新加坡成为一个有吸引力的投资目的地。

受新冠疫情的影响，全球的投资活动受到很大的影响。根据联合国贸发会议2021年1月24日发布的最新全球投资趋势监测报告，2020年FDI流量与2019年相比下降了42%，东南亚下降了31%。在这种全球背景下，新加坡的FDI同期下降了37%，原因是跨境并购大幅下降，以及已宣布的绿地投资项目大幅下降，但其仍然是该地区最大的外资流入国。

受疫情影响，新加坡经历了自独立以来最严重的经济衰退，但其在2020年仍吸引了约172亿新元的固定资产投资。这超出了经济发展局80亿新元至100亿新元的中长期目标，并超过了2019年152亿新元的固定资产投资。2020年获得的投资是自2008年以来规模最大的（2008年超过了180亿新元）。当2020年获得的投资项目全面实施后，将在未来五年内创造19352个新工作岗位，预计每年的增值贡献为312亿新元。①

① Singapore Economic Development Board，“EDB Year 2020 In Review”，Jan. 20，2021，https：//www. edb. gov. sg/en/about – edb/media – releases – publications/edb – year – 2020 – in – review. html.

可以看出，尽管全球商业环境充满挑战，新加坡的投资前景依然强劲。新加坡本地公司的投资承诺激增，占 2020 年资本投资的 17.3%，高于前一年的 8.2%。美国超过欧洲成为新加坡最大的投资地区，2020 年占新加坡固定资产承诺的 53.4%。相比之下，欧洲占 2020 年担保投资的 17.1%，而 2019 年为 47.4%。

此外，新冠疫情还使全球投资者在做出决策时对供应链的重要性有了更深入的认识。鉴于新加坡对强大的供应链系统的保证，这在过去一年中增强了新加坡的竞争力。例如，许多物流公司为此加强了对新加坡的投资，更多的高价值产品和时效性产品正在通过新加坡转运。这主要是由于新加坡具有良好的投资环境，政治社会稳定、区位优势明显、营商环境优越以及政策公开透明。新加坡优越的营商环境在全球经济形势不确定性增加的情况下，为新加坡争取了大量外资企业的投资。

## （二）中新合作中可能面临的挑战

尽管中国与新加坡在“一带一路”倡议框架下的合作已取得了显著成就，但如果要继续深化双方当前的合作，还需要在以下方面努力求同存异，共同营造经济发展的良好氛围。

1. 通过良好双边关系消解负面舆论

新加坡主流媒体确切表达了对“一带一路”倡议的认可，认为这一倡议将会带给沿线国家经济发展的利好，并愿意以合作者身份参与其中。与此同时，新加坡出于国家安全利益的考量，对于“一带一路”倡议的落实抱有审视的姿态，并高度关注其他国家的反应，尤其是马来西亚和印度尼西亚的反应，并对于“一带一路”项目可能出现的资金链问题、透明度问题以及政策延续性等问题予以高度关注。[①]

在新加坡，一些对“一带一路”倡议持有怀疑态度的群体认为，中国的“一带一路”倡议是为了扩大中国在东南亚地区的影响力，不仅无法促进新加坡的发展，反而会拖累新加坡的经济增长潜力并对国家安全构成威胁。不过随着近年来新加坡和中国之间的政治关系逐渐走向积极发展的轨道，对“一带一路”倡议的消极趋势得到逆转，新加坡人的对华评价变得更积极。

在皮尤研究中心（Pew Research Centre）的2021年

① 马原：《新加坡主流媒体视野下“一带一路”的报道框架及身份建构——以〈联合早报〉与〈海峡时报〉为例》，《巢湖学院学报》2018年第5期。

春季全球态度调查中，64%的新加坡人表示对中国有好感。尽管如此，新加坡的华人、马来人和印度人之间在对华评价上也存在意见分歧。大约 72% 的新加坡华裔对中国有好感，而新加坡马来裔和印度裔的这一比例分别为 45% 和 52% 。因此，新加坡对中国好感突出的因素之一是华裔的认同比例很高，他们对中国的态度往往比马来裔或印度裔新加坡人更积极。①

尽管新加坡部分民众对“一带一路”倡议存在一些负面看法，但是新加坡政府、商界、学术界对“一带一路”倡议的总体态度向好。近年来，新加坡民众对中国的信任程度是在逐步加深的。② 2017 年 9 月，新加坡总理李显龙接受采访时表示新加坡对“一带一路”倡议的评价是积极的。新加坡在“一带一路”倡议中主要起到一个助力的作用，中国可以利用新加坡的金融中心、交通要道、融资经验等，去进军“一带一路”沿线的其他国家。中国和新加坡优势互补，以达成更好效果。

新加坡工商联合总会（Singapore Business Federation）主席张松声认为“一带一路”倡议对于新加坡

---

① 《最受中国影响国家前三名——柬埔寨、新加坡、泰国》，2022 年 4 月 28 日，环球网，https://baijiahao.baidu.com/s?id=1731304234280072714&wfr=spider&for=pc。

② 方晓：《新加坡对中国的信任程度变化及其原因》，《战略决策研究》2020 年第 5 期。

企业是一个难得的发展机遇，新加坡商界应该发挥自身优势，积极参与其中。他表示，“‘一带一路’倡议将为新加坡商界带来前所未有的巨大商机。我们应该积极响应、积极参与，强烈呼吁新加坡企业积极开拓，发挥所长，充分交流经验，实现信息互通”。[①]

新加坡的学术界普遍认为“一带一路”倡议顺应全球化潮流，能够很好应对逆全球化。新加坡国立大学东亚研究所兼职研究员林泰伟认为，改革现有的国际货币金融体系，提高新兴经济体在其中的话语权，是全球经济治理至关重要的一个环节。“一带一路”倡议的提出有助于促进现有体制的改革。亚洲基础设施投资银行、丝路基金、金砖国家银行等都是为“一带一路”倡议提供资金的支持机构。这些机构的创建，能够帮助解决中国在世界银行、国际货币基金组织和亚洲开发银行等国际金融机构中表决权重较低的问题。[②]

### 2. 新加坡国内政治的潜在影响

新加坡国内政治经济环境的波动也有可能为中新深化合作带来挑战。其一，尽管人民行动党长期执政

---

① 《新加坡工商联合总会主席张松声：新商界期待积极参与区域内“一带一路”项目》，2017年5月23日，新华网，http：//sg. xinhuanet. com/2017 -05/23/c_ 129615545. htm。

② 韩剑：《东南亚国家欢迎“一带一路”》，《中国社会科学报》2017年5月12日第4版。

并确保了国内政治氛围整体稳定，但反对党在选举中的影响力日益扩大。在2020年的选举中，对执政党人民行动党的支持率只有61.24%，相比上一届选举，下降了8.66个百分点。而反对党工人党在国会中的议席则从6个增加到10个。虽然人民行动党仍然保持着绝对优势，但是新加坡国内政治中出现的这一趋势值得关注。此外，虽然国内政局一直以来相对稳定，但是新加坡是一个地缘政治极端脆弱的国家，不仅没有国土纵深，而且在资源上高度依赖外部世界，尤其在淡水和粮食的供应上依赖周边国家，这种脆弱性在全球供应链受到疫情和战争冲击的情况下，可能会影响中国企业在新加坡的投资安全。

其二，新加坡金融体系存在的风险不可忽视。新加坡的金融监管部门，如新加坡金融管理局、新加坡货币局、新加坡政府投资公司等都提供专业、严谨和创新的服务，相比于其他金融机制还不健全的“一带一路”沿线国家，新加坡的金融风险并不是太高，但依然有很多需要注意的地方，尤其是汇率方面的风险。[①] 一方面，由于新加坡经济发展的外向性强，其金融体系容易受到国际经济发展波动的影响，汇率波动幅度大；另一方面，为维护第三产业特别是金融服务

① 冯小明、黄森：《“一带一路”背景下中国企业对新加坡直接投资的现状与风险分析》，《对外经贸》2018年第7期。

业的发展，新加坡政府对国内货币进行了非国际化管控，对于非本国居民持有本国货币的数量具有明确限制，因此中国企业将面临汇率风险。

其三，新加坡与中国的法律体系和具体规则存在较大差异，这导致企业的合规成本较高。新加坡被誉为“花园国家”，政府高度重视环境保护。因此，新加坡对进口商品的检疫标准和程序十分严格，有着对境内企业的环保高标准，违反有关规定的处罚也是极其严厉的。新加坡政府要求，企业在委托有相关资质的第三方专业咨询公司进行环评分析后才可以在新加坡进行投资。另外，新加坡与中国在土地政策上存在明显差异。新加坡《土地征用法》规定，政府可以为公共目的强制性征用私有土地。因此中资企业如果在新加坡参与土地交易时，若不详细了解相关政策可能会遭到巨额亏损。

其四，在新加坡投资和经营的中国企业面临资源、人力等生产要素成本高的问题。由于土地面积狭小，土地、能源等要素供给不足且价格高昂是新加坡的固有特征，而近年来，新加坡收紧外籍劳动力的政策使得有关人才数量大大降低，使其人力资源成本也显著提高，① 导致中国企业在新加坡生产经营的难度有所提高。

① 聂珊珊：《“一带一路”背景下中国企业对新加坡直接投资的现状与风险分析》，《辽宁经济》2019 年第 2 期。

自2022年2月俄罗斯在乌克兰发起“特别军事行动”以来，新加坡采取的立场值得关注。2月28日，新加坡外交部长维文在新加坡议会发言称，俄罗斯向乌克兰出兵是“不可接受的”，并“严重违反国际准则”，并表示新加坡将在银行和金融等方面对俄罗斯实施“适当的制裁和限制”，对可能被用于俄乌冲突的物品实行出口管制。① 3月5日，新加坡公布具体制裁措施，包括武器禁运、限制贸易、对俄罗斯四家银行暂停金融服务等。② 这是新加坡数十年来首次在缺乏联合国安理会决议支持的情况下制裁其他国家，是第一个也是唯一一个对俄罗斯实行制裁的东南亚国家，这一举措也与其他东盟国家的立场存在差别。经济制裁有可能给中新之间的经贸合作带来潜在的风险，这一动向的后续发展值得进一步关注。

---

① 《新加坡称将对俄罗斯施加制裁，为东南亚首个决定制裁俄的国家》，2022年3月1日，澎湃新闻，https：//baijiahao. baidu. com/s? id = 1726085465859739630&wfr = spider&for = pc。

② Ministry of Foreign Affairs of Singapore，“Sanctions and Restrictions Against Russia in Response to its Invasion of Ukraine” March 5，2022，https：//www. mfa. gov. sg/Newsroom/Press – Statements – Transcripts – and – Photos/2022/03/20220305 – sanctions.

# 五　新冠疫情下的中新合作

## （一）新冠疫情对新加坡经济的影响

由于疫情限制，各国普遍关闭边境、全球经济迟滞，新加坡 2020 年经济严重受创，根据新加坡贸易和工业部公布的数据，受新冠疫情冲击，新加坡以贸易为导向的经济在 2020 年同比收缩 5.4%。根据新加坡历年的 GDP 数据，2020 年新加坡面临着独立以来最严重的经济衰退。由于新冠疫情暴发，各国为减缓疫情扩散纷纷采取封锁措施，影响了高度依赖国际贸易的新加坡经济。此外，新加坡自 2020 年 4 月起开始实施防疫阻断措施，为阻断疫情传播关闭非必要工作场所和学校。直到 2021 年 6 月开始阶段性恢复经济活动，新加坡的主要经济体才在第三季度中缓慢复苏。

新加坡金融管理局 2021 年 4 月发布的《宏观经济评估》指出，新冠疫情发生后，新加坡经济在第二季度跌入谷底，GDP 同比下挫 13.2%。相比之下，1997 年的亚洲金融风暴、2001 年科技泡沫及 2008 年国际金融危机期间的 GDP 平均跌幅是 6.1%。第三季度随着防疫阻断措施的取消而大幅反弹了 9.0%。随后，第四季度的连续增长放缓至 3.8%，反映了制造业在第三季度的强劲表现后的一些回落，以及面向消费者的行业增长反弹的消散。2021 年第一季度，新加坡 GDP 环比增长了 2.0%。在 2020 年的基础上，GDP 增长了 0.2%，此前连续三个季度都在收缩。与 2020 年第四季度相比，第一季度大多数部门的增长势头进一步放缓，但与贸易有关的部门得到了制造业持续恢复力的支持恢复向好。到 2021 年第一季度，实际 GDP 已达到疫情前（2019 年第四季度）水平的 99.6%，而 2020 年第四季度为 97.6%，2020 年第二季度的低谷期为 86.4%。[①] 这些都表明疫情造成的经济影响比以往的危机持续更久、冲击更深，新加坡经济也需要更长的时间来复苏。

### 1. 受负面冲击的产业

分产业来看，受影响最严重的部门是那些依赖国

---

① Monetary Authority of Singapore, "Macroeconomic Review Volume XX Issue 1", Apr. 5, 2021, https://www.mas.gov.sg/publications/macroeconomic-review/2021/volume-xx-issue-1-apr-2021.

际旅行的部门，包括空运、住宿和其他与旅游有关的部门。由于安全距离措施越来越严格，零售和食品服务等面向消费者的行业也受到国内消费削减的严重影响。与此同时，制造业和批发贸易等外向型部门受到外部需求下降和供应链中断的影响，而建筑业和房地产等外向型部门受到国内经济衰退产生的负面溢出效应的影响。①

（1）航空业。国际航空运输协会预计新冠疫情对全球航空客运造成的损失高达1565亿新元，与2008年国际金融危机造成的损失不相上下。作为重要区域交通枢纽，新加坡航空业损失巨大。疫情导致樟宜机场的航班和客流量锐减，在新运营的航空公司取消超过20%的航班，机场客流量下跌25%。新加坡航空公司暂停2—5月底超过9000趟航班，占总航班数近15%。

2021年，飞机起降次数和航空乘客人数仅在第一季度略有回升，达到疫情前水平的24%和2.9%。虽然2021年第一季度游客人数环比增长31%，达到68679人，但这远远低于2019年480万人的季度平均水平。

① Ministry of Trade and Industry of Singapore, "Impact of the Covid - 19 Pandemic on the Singapore Economy", July 19, 2021, https://www.mti.gov.sg/-/media/MTI/Resources/Economic - Survey - of - Singapore/2020/Economic - Survey - of - Singapore - First - Quarter - 2020/FA_1Q20.pdf.

（2）旅游业。新加坡旅游局的数据显示，2020年2月初以来每天流失的旅客数量达1.8万—2万名，如疫情短期内不能得到缓解，全年游客数量预计下降25%—30%，旅游收入也将出现两位数下滑。中国游客占新加坡来访游客总数的20%，相配套的1600多名导游中，很大一部分都面临失业风险。

（3）零售和餐饮业。由于防疫阻断措施（Circuit Breaker），新加坡一度关闭提供非必要服务的企业，禁止社交聚会，只允许餐饮场所提供外卖服务和外卖。虽然这些措施对于遏制新冠病毒的传播是必要的，但它们抑制了国内经济活动，影响了面向消费者的行业，如零售和餐饮服务。在防疫阻断措施期间，除了那些被认为必要的商店，如超市，大多数实体零售店都关闭了。餐饮机构不允许堂食。因此，在此期间，零售和餐饮业的销售额同比缩减高达52%。

百货商店、服装和鞋类等零售行业受到严重影响，原因是旅行限制导致游客抵达人数减少，以及劳动力市场状况疲软抑制了消费者情绪，2020年销售额同比下降32%—42%。尽管国内支出在2020年年底逐渐增加，但由于游客人数较少，旅游相关行业的零售额仍然疲软。

（4）制造业。随着疫情的逐渐缓和，新加坡制造业2020年第四季度同比扩张9.5%，延续了第三季度的 10.8%。制造业扩张主要是受到了电子制造业产业集群、生物医药制造业产业集群和精密工程产业集群产值增长的支撑。

（5）建筑业。疫情对新加坡建筑业的影响主要体现在两个方面：一是来自中国进口的建筑材料供应不足。新加坡对中国建筑材料依赖度较高，为控制疫情扩散，中国建筑材料生产企业普遍延迟复工，短期内造成供应短缺。二是来自中国的建筑工人无法回新或入境后必须居家隔离，使建筑工程进度延后。

在这次衰退中，私人建筑投资（主要是建筑）以及公共固定资本形成总额的下降更为严重。下降幅度更大主要是由于外国工人宿舍暴发的病毒导致劳动力供应紧张，阻碍了建筑活动。

### 2. 面临机遇的产业

尽管许多产业受到疫情的影响，但仍有一些产业在适应和调整中面临着机遇，如半导体产业、生物医药制造业产业集群和精密工程产业集群、网络零售业等。

（1）半导体产业。在半导体芯片供应短缺的情况下，全球科技周期的强劲上涨在 2021 年推动了新加坡电子产业集群的生产。2021 年 1—2 月，全球芯片销售额平均按年增长 17.7%，比 2020 年第四季度的 9.6% 加速增长。有分析表明，最终投资需求和芯片价格上涨是2020年第三季度以来销售的主要动力。相反，在美国实施贸易制裁之前，中国的库存活动支持了2020年上半年的全球芯片销售。最近，对半导体的强劲基本需求得到了以下因素的支持：5G技术在智能手机和基站中的广泛推广；汽车市场的更快复苏；以及在家工作安排的增加对IT设备的衍生需求。继2020年增长10.4%后，2021年全球半导体收入将增长12%，这反映了更强劲的前景。芯片需求的上升导致了全球供应短缺，韩国、中国台湾地区和美国的半导体库存与出货量之比降至历史低位。精益库存水平推高了芯片价格，这预示着未来电子产品生产和出货量将进一步加强。在国内，电子产业集群的强劲表现也将惠及密切相关的精密工程行业，这将受到半导体生产设备和辅助投入需求增加的推动。①

（2）生物医药制造业产业集群和精密工程产业集群。生物医药制造业产业集群在2020年上半年同比增长27%，延续了2019年下半年4.1%的增速。该集群的强劲表现是由于药品部门强劲的产出扩张（36%），因为同期活性药物成分和生物产品的产量都有所增加。而精密工程集群在2020年上半年同比增长12%，增速高于2019年下半年的2.4%。机械和系统部门是集群

① 王勤、金师波：《新冠肺炎疫情对东盟经济发展的影响》，《亚太经济》2021年第2期。

内增长的主要引擎，在全球半导体制造设备需求强劲的推动下，2020年上半年增长了17%。根据半导体设备和材料国际（SEMI）的数据，总部位于北美的半导体设备制造商的账单收入在2020年上半年激增了18%。全球对半导体设备的强劲需求在很大程度上是由于领先的代工厂对先进制造技术的持续投资，以应对5G需求。这反过来又使位于新加坡的机械和系统领域的半导体设备制造商受益。①

（3）网络零售业。与实体零售业绩下滑所不同的是，网络零售业在疫情期间发展迅速。随着零售商扩大物流能力，消费者接受了网上购物的便利，网上销售比例逐渐增加。随着企业接受数字化和电子商务以覆盖更广泛的消费者群体，以及消费者采用在线购买等新行为，在线销售出现了强劲增长。在新加坡走向"新常态"的背景下，消费者行为从店内销售向网上销售的转变可能会持续下去。②

① Ministry of Trade and Industry of Singapore, "Performance and Outlook of the Manufacturing Sector in 2020", August 9, 2020, https://www.mti.gov.sg/-/media/MTI/Resources/Economic-Survey-of-Singapore/2020/Economic-Survey-of-Singapore-Second-Quarter-2020/BA_2Q20.pdf.

② Department of Statistics of Singapore, "Impact of COVID-19 on the Retail and Food & Beverage Services Sectors", June 2, 2021, https://www.singstat.gov.sg/-/media/files/publications/industry/ssn121-pg1-5.pdf.

### 3. 对劳动力的影响

新冠疫情对新加坡的就业问题造成了很大影响：一方面，本地居民的失业率上升；另一方面，因为外籍劳工流入的切断，劳动力短缺问题凸显。新加坡的整体失业率在 2020 年 9 月，曾达到 4.9% 的峰值。这是自 2009 年以来的最高数值。随着疫情的好转与经济的复苏，新加坡 2021 年的就业形势开始有所好转，失业率逐步降低。2021 年，新加坡人力部发布了《2021 年劳动力市场先期报告》，新加坡在这一年的总体失业率、居民失业率和公民失业率分别为 2.6%、3.5% 和 3.7%，与 2020 年的数据相比，这三个指标分别减少了 0.4、0.6 和 0.5 个百分点。①

受到疫情扩散影响，新加坡的劳动力短缺正在不断加剧。作为一个城市国家，新加坡一直以来都依赖着工人流动，但因为担忧南亚地区的爆炸性疫情，新加坡政府被迫切断了其劳动力流通渠道。外国公民约占新加坡总劳动力的三分之一，其建筑和造船等行业在很大程度上依赖于来自印度和孟加拉国的低成本劳动力。新加坡当局在 2020 年 4 月底和 5 月初禁止了来自印度和其他南亚国家的公民的入境，但其实早在该

① 张磊：《新加坡：2021 年回顾与 2022 年展望》，《东南亚纵横》2022 年第 1 期。

禁令尚未实施前，新加坡已经勒令一些外国人离境，并制定了更严格的旅行规则，这些措施早已将这些外国工人推出了新加坡的国门。

劳动力市场上的供应紧缩将劳动力的价格推高了30%，导致新加坡的建筑项目推迟了一年之久，还引发人们对超负荷工作的担忧，这使新加坡的经济模式变得紧张。截至2020年12月的政府统计数据显示，2020年，在新加坡建筑工地、造船厂和工厂工作的移民工人数量骤减16%，至31.1万人，而包括其他蓝领工人和白领员工在内的国际工人总数为123万人，下降了14%。新加坡金融管理局称，部分经济领域尤其旅游相关行业亟须密集社交接触的服务行业，2021年年底也没有恢复至疫情前水平。居民失业率仍将继续处于较高水平，这也将导致薪资增幅低迷。

2021年，新加坡劳动力市场逐渐从新冠疫情中复苏，第一季度的总就业人数出现自疫情暴发以来的首次增加，但失业率仍比疫情前高。根据新加坡人力部2021年6月发布的第一季度劳动力市场报告，由于居民就业人数的增长抵消了外籍就业人数的减少，不包括女佣的总就业人数在连续下滑四个季度后，增加了1.22万人，远高于预估的4800人。其中，居民就业人数增加2.37万人，外籍就业人数则减少1.15万人。

截至2021年3月，不包括女佣的总就业人数为

336.8万人。各行各业的居民就业人数都增加，主要为资讯通信业、餐饮业、医疗与社会服务业、行政与支援服务业、公共行政与教育业，以及专业服务业。经季度调整的居民失业率自去年9月到达高峰后已稳步下滑，2021年3月跌至4%，比上一个月少0.1个百分点，但仍比疫情前高，共有8.27万人失业。长期居民失业率则维持在1.1%。新加坡各行各业都有职缺，主要在制造业，尤其是金属产品制造、机械与设备制造及电子制造，还有公共行政与教育业、资讯通信业，以及金融服务业。①

此外，新加坡经济结构在疫情下受到巨大冲击。新冠疫情肆虐重创各国经济，也影响全球既有贸易与投资行为，作为开放经济体的新加坡无法幸免，新加坡经济结构未来将出现重大变化。货物和人员流动将比以往更受限制，各国也将更努力，在食物和必需品方面减少对其他国家的依赖。这将对全球贸易和投资带来重大的影响，也会波及新加坡。2021年，李显龙总理表示，不仅企业须改变经营模式求存，工作被淘汰的国人也得重新受训维持生计，政府将协助企业转型，并大量培训员工。一些行业所受到的颠覆性影响

---

① 中华人民共和国商务部：《新加坡人力部报告：增长1.22万人新加坡第一季度总就业人数疫情来首次增加》，2021年6月23日，http://sg.mofcom.gov.cn/article/gqjs/jjxs/202106/20210603160595.shtml。

将会是长久的。企业必须改变经营模式才能生存，一些工作将被淘汰，受影响行业的员工必须重新受训，以胜任新领域的工作。政府也会找寻新方法，尽量减少经济波动对自由业者的影响。

为应对新冠疫情，促进经济复苏，2020 年 2 月，新加坡贸工部长陈振声表示，新加坡政府为支持企业应对新冠疫情挑战，把握商机，除了会加强新加坡基本面，协助企业开拓海外市场，还会积极探索新的增长领域，如利用电子和精密工程领域的现有优势，开拓增材制造、机器人技术和传感器等新行业。新加坡政府也正与从业者合作，发展农业食品、城市交通和精密医学等具有较高增长潜力的领域。为了支持疫情中的家庭和企业，新加坡政府已投入约 1000 亿新元（754.5 亿美元）的纾困款。①

作为国际化的小国，新加坡比起其他需要适应新格局的国家面对更严峻的挑战。但正因为小，新加坡更具灵活性，加上同各地的联系，都让新加坡可以更快地进军新的增长领域，如疫情下显现庞大发展潜能的医疗科技、食品生产及资讯科技等。李显龙总理表示，要解决新加坡眼前和长远的挑战，就需要社会各

① 中华人民共和国驻新加坡共和国大使馆经济商务处：《对外投资合作国别（地区）指南——新加坡》，2021 年 1 月 12 日，http：//www.mofcom.gov.cn/dl/gbdqzn/upload/xinjiapo.pdf。

界团结一致。值得庆幸的是这些年来，雇主、工会和政府建立了牢固的劳资政伙伴关系。接下来重振经济的过程和克服经济转型的挑战，更需要劳资政三方携手同行，并肩作战，以确保没有人会因此落在后头，大家都得到妥善的照顾。

2022 年，新加坡经济复苏形势很大程度上取决于疫情控制状况。自疫情发生以来，新加坡疫情不断反复，随着奥密克戎的暴发，新加坡累计确诊病例数破百万人。但新加坡民众的疫苗接种情况较好，截至 2022 年 3 月 20 日，新加坡 92% 的人口已完成了两剂新冠疫苗的接种，93% 的人口至少接种了一剂，71% 已接种加强剂。[①] 3 月 24 日，新加坡总理李显龙发表电视讲话，指出奥密克戎疫情已经达到顶峰并开始趋缓，政府决定逐渐放松境内防控，并放松边境管控。随着疫情的进一步趋缓，2023 年 2 月，新加坡政府宣布全面放宽边境措施，[②] 这无疑将直接利好餐饮业、娱乐业、航空业、旅游业等相关行业，有利于新加坡经济的持续复苏。

---

① 《新加坡疫情丨一周新增 8 万 +，奥密克戎疫情高峰已过!》，2022 年 3 月 22 日，搜狐网，https：//www. sohu. com/a/531857437_121124029。

② 中华人民共和国商务部：《新加坡全面放宽边境措施，预计会展业旅游业受益》，2023 年 2 月 14 日，http：//sg. mofcom. gov. cn/article/dtxx/202302/20230203384960. shtml。

## （二）中国与新加坡在疫情中的合作与发展前景

首先，中国与新加坡的经贸合作在疫情冲击下受到一定程度的负面影响。2020 年 1—12 月，中新贸易额 890.9 亿美元，同比下降 1.0%。其中，中国对新出口 575.4 亿美元，同比增长 5.0%；自新进口 315.5 亿美元，同比下降 10.5%。在对新投资方面，中国企业对新加坡全行业直接投资 66.3 亿美元，同比增长 104.7%。在对华投资方面，新加坡对华投资 76.9 亿美元，同比增长 1.2%。在工程承包合作方面，中国企业在新加坡新签工程承包合同额 47.8 亿美元，同比下降 5.6%；完成营业额 23.6 亿美元，同比下降 33.6%。①

其次，中新两国在疫情期间千方百计维持互联互通，陆海新通道等“一带一路”项目起到了积极的作用。为共同应对疫情，2020 年 7 月，中国商务部与新加坡等国经贸主管部门发布了关于致力于新冠疫情期间确保供应链联通的部长联合声明。声明提出，确保

① 中华人民共和国商务部：《2020 年 1—12 月中国—新加坡经贸合作简况》，2021 年 10 月 15 日，http：//yzs.mofcom.gov.cn/article/t/202103/20210303042839.shtml。

包括空运和海运在内的贸易线路开放畅通，协调必需品等商品流通符合各方的共同利益。在疫情期间，应避免实行出口管制或设立关税和非关税壁垒，取消对必需品尤其是医疗用品施加的任何现有贸易限制措施，致力于与所有志同道合的国家合作，确保贸易继续畅通无阻，航空和海港等关键基础设施保持开放，以支持全球供应链继续运行、保持完整。[①]

疫情期间，中新人员和货物往来均受阻。在航空运输受限的大背景下，中新（重庆）战略性互联互通示范项目（简称“重庆项目”）旗下“国际陆海贸易新通道”扛起了保障中新食品和医疗物资流通的重任。2020 年 3 月底，重庆的 25 吨鲜橙“忠橙”通过陆海新通道的“铁海联运”渠道运抵新加坡。4 月下旬，重庆商家再次通过陆海新通道向新加坡捐赠了 13 吨“忠橙”等食品物资。陆海新通道大大提高了运输效率，陆海新通道只需 7 天，而不是以往的 20 多天。

截至 2020 年 4 月底，陆海新通道在陆路上共开行了 1811 列国际列车，通过海路运输了 91000 个集装箱，辐射 92 个国家和地区的 226 个港口。陆海新通道的成功和潜力使其成为中新推进“一带一路”合作的

---

① 中华人民共和国商务部：《中国商务部与新加坡等国经贸主管部门关于致力疫情期间确保供应链联通的部长联合声明》，2020 年 7 月 2 日，http://www.mofcom.gov.cn/article/ae/ai/202007/20200702979438.shtml。

一张亮眼名片。此外，2020 年 6 月，中新两国开通快捷通道，目前涵盖上海、天津、重庆、江苏、浙江和广东。

再次，“快捷通道”的建立为中新两国疫情期间的人员交流探索出一条新路。2020 年新冠疫情暴发后，新中双边合作联合委员会（JCBC）首次将抗疫与公共卫生合作纳入议程，两国同意在公共卫生、疫苗、诊断、治疗方法的研发和疫情监测方面加强合作。新加坡是第一个与中国建立快捷通道的东盟国家，正是中新双方的高度重视才促成了快捷通道。

2020 年 6 月 8 日，中国和新加坡宣布启动两国为便利通行开辟的“快捷通道”。根据协议，通过“快捷通道”入境对方国家的商务和公务人员，只要出境前和抵境后都通过核酸检测，入境后不必隔离 14 天就可展开行程。这项安排率先在上海、天津、重庆、江苏、浙江和广东六个省市实施。①

最后，疫情期间，新加坡还加强了与中国地方政府的合作，进一步推动了两国在各个层级的互信和互利。JCBC 是新中两国最高层级合作机制，在这一框架下，新加坡与八个中国省份与直辖市，分别设有双边

① Prime Sarmiento：“Travel Bubbles Eyed to Revive Economies”，*China Daily*，June 8，2020，https：//www. chinadaily. com. cn/a/202006/08/WS5edd7e76a3108348172515c0. html.

经贸理事会，通过理事会带动两国企业与中国地方政府的合作，推进经贸发展。这些理事会也帮助新加坡更好地了解中国不同地区的发展需求和特色。

在合作项目方面，中新两国合作项目从最初的苏州工业园区和天津生态城，到今天的重庆项目，不仅是量的提升，更是质的飞跃。尽管受到疫情影响，但两国仍保持强烈的合作意愿，继续携手共进。在疫情期间，中新双方不管是政府还是民间都相互支持，携手互助，再次体现了两国关系的前瞻性、战略性、示范性，也为中新全方位合作伙伴关系增添了重要内涵。

2020 年 9 月 29 日，新加坡四川贸易与投资委员会第 21 次会议举行，尽管疫情冲击企业及运营，但新加坡企业仍持续在四川推动项目，四川目前也有 35 家企业通过在新加坡的商业运作拓展国际足迹。这些贸易及投资流动展现双方经济联系的韧性，同时释出两地有深化合作潜力的信号。新加坡四川贸易与投资委员会发表深化双边合作的联合宣言，承诺加强产业发展、创新创业、企业国际化等六方面的合作，以加强两地经济关系。双方也将加强新川抗疫合作，共同保障供应链产业链畅通，协助两地经济加快恢复发展，新川企业也在两地领导人见证下，签署 10 份谅解备忘录，涉及包括仓储物流、贸易及供应链、金融科技、医疗科技、食品制造、旅游会展等领域。

此外，成立于2012年的新宁合作委员会是新加坡与中国建立的首个市级合作平台，旨在促进新加坡与南京两地的交流与合作，2020年10月，新加坡—南京重点项目合作委员会以视频方式举行第八次会议，新加坡和南京将继续推动位于南京的生态科技岛发展，共同探索如何在创新与自贸区等领域开拓新合作，为两国企业创造更多机遇。2020年11月，新加坡与江苏省召开新苏合作理事会，探讨江苏自贸区的发展以及双方生物医药和专业服务领域的合作。

2020年11月，中国与新加坡等15个国家共同签署《区域全面经济伙伴关系协定》（RCEP），在投资、人员流动等方面迎来进一步开放。RCEP签署以来，新加坡在融入RCEP合作方面发挥积极作用，力争与中国协力打造RCEP区域合作新典范。在当前疫情破坏全球供应链的背景下，RCEP正式签署对全球供应链恢复，促进区域产业链、价值链和供应链融合发展，推动形成开放性区域经济一体化发展新格局有极大推动作用。

2021年3月，第七届中国广州国际投资年会新加坡分会场成功举办，共议RCEP合作新机遇和全球供应链新优势。这是继特拉维夫、海德堡、硅谷分会场后，第七届中国广州国际投资年会举办的第四场海外分会场，也是自疫情发生以来广州市政府首次在新加坡正式举办投资交流活动。

新加坡分会场由广州本土世界500强企业雪松控股和中新广州知识城投资开发有限公司联合承办，以“把握RCEP合作新机遇，共建全球供应链新优势”为主题，吸引了包括中国驻新加坡大使馆、新加坡企业发展局、交通银行新加坡分行、荷兰合作银行、全球钢贸巨头斯坦科公司、全球知名石化供应链企业Integra等机构和企业代表参会。广州市商务局局长洪谦通过视频连线会场，广邀国内外商界领袖、企业家和研究人员，在广州国际投资年会这一粤港澳大湾区重要投资合作平台上深入对话、共谋发展。

近年来，广州与新加坡合作日益紧密，2020年1至12月，穗新进出口总值29.83亿美元，同比增长26.33%。其中，广州对新加坡出口18.57亿美元，同比增长39.47%；进口11.26亿美元，同比增长9.35%。最新数据表明，2021年穗新进出口总额达到了34.39亿美元，同比增长15.12%。新加坡在广州新设投资企业69家，同比增长15%。截至2022年1月，新加坡在广州累计投资企业854家，涵盖高科技、战略性新兴产业、金融服务业等领域。

在广州与新加坡的合作中，中新广州知识城（以下简称“知识城”）成为中国地方政府与新加坡全方位战略合作的标志性项目。从2010年奠基以来，广州与新加坡围绕知识城在产业、科研、城市建设、知识产权保护与运用等方面展开了全面合作，旨在推进科研成果创新转化，建设知识创造示范区，打造大湾区高质量发展重要引擎，叠加国家级双边合作项目、粤港澳大湾区建设、“一带一路”国际合作的重大机遇，是粤港澳大湾区唯一一个国家级双边合作平台。

随着2021年两国经济的逐渐复苏，中新两国不断加强在人员与物资往来方面的合作。2021年6月，中国交通运输部部长李小鹏与新加坡交通部部长易华仁就中新交通运输合作交换了意见。李小鹏表示希望双方在交通运输领域进一步加强沟通交流，持续推进既有合作，拓展可持续交通合作领域，共同推动中新交通运输合作迈上新台阶。

新加坡交通部部长易华仁表示希望双方在民航、海事等领域保持紧密沟通，着眼未来发展，继续深化务实合作，推动两国交通运输合作关系持续发展。①

总的来看，中国与新加坡之间在疫情期间保持着较为紧密的合作关系，虽然一定程度上受到了疫情冲击的影响，但中新两国仍然携手同行，积极应对新冠疫情。展望未来，中新两国可从五个方面深入合作，第一，共同保障产业链和供应链稳定；第二，继续高

① 中国交通新闻网：《李小鹏视频会见新加坡交通部部长》，2021年6月2日，http：//www.zgjtb.com/2021－06/02/content_261904.htm。

质量共建“一带一路”项目；第三，利用好 JCBC 等现有合作机制；第四，落实好新加坡—上海全面合作理事会和青年实习交流计划等已经达成的合作规划；第五，把握疫情催生的发展机遇，加强在公共卫生、跨境电子商务和人工智能等领域的合作。

# 六　结论

作为一个领土小国，新加坡在独立之初的资源禀赋并不理想，但经过几十年的奋斗，现在的新加坡已经跻身发达国家行列，并在地区和国际事务中发挥积极的作用。新加坡是如何从一个领土小国蜕变为经济大国的？本报告认为新加坡经济发展的成就主要得益于政府的长远规划和积极干预。新加坡的初始条件决定了它只能走开放经济的道路，依托国际市场，实现产业升级，从而弥补自身资源禀赋的不足。这样的发展道路面临较大的经济风险，基本没有试错的空间，这就需要一个具有长远战略眼光的政府进行精心规划，并能够有效执行各项政策。

在国内政治方面，新加坡通过政局的稳定衔接做到了国家政策的前瞻性和连贯性，这为新加坡打下了良好的营商环境基础，吸引到了更多的资金和人才。在对外政策方面，新加坡的经济外交卓有成效，不仅与各主要经济体保持稳定的关系，而且通过积极参与地区和全球的多边机制，为新加坡创造了友好的经济发展环境。

中国和新加坡之间的经贸合作自两国建交以来迅速发展，奠定了坚实的基础。中国国家主席习近平在2013年提出的“一带一路”倡议秉持开放、包容、共赢的原则，得到了新加坡的积极响应，并在“海上丝绸之路”的建设和贯通中发挥着重要的作用。在“一带一路”倡议框架下，中新两国在互联互通、金融服务、开拓第三方市场、专业服务等领域加强了合作，双方合作取得了显著成就。当然两国的经济合作还存在一定的风险和挑战，比如金融风险、地缘政治风险等。这就需要两国加强沟通、建立有效机制。随着两国经济相互依赖的逐渐加深，如何化解风险，保障双方的利益，这将考验两国的外交智慧，妥善处理双方经济合作中的挑战将为两国的长远发展提供坚实的保障。

虽然新冠疫情对新加坡经济各方面造成了较为严重的短期冲击，但同时也为中新关系提供了新的合作机遇，双方在疫情期间继续保持较为紧密的合作，加强了公共卫生安全、人员与物资、交通运输等方面的往来。展望未来，中国与新加坡应进一步深化合作，推动两国关系再上新台阶。

# 附录　新加坡基本国情简介

| 版块 | 具体内容 | 说明 |
| --- | --- | --- |
| 基本概况 | 地理情况 | 领土面积：722.5 平方公里。<br>地形分布特征：新加坡位于北纬 1°18′，东经 103°51′，毗邻马六甲海峡南口，北隔狭窄的柔佛海峡与马来西亚紧邻，并在北部和西部边境建有新柔长堤和第二通道相通。南隔新加坡海峡与印度尼西亚的民丹岛和巴淡岛都有轮渡联系。<br>海岸线总长 200 余公里，全国由新加坡岛、圣约翰岛、龟屿、圣淘沙、姐妹岛、炯岛等六十余岛屿组成，最大的三个外岛为裕廊岛、德光岛和乌敏岛。由于填海工程形成新的陆域，将增添额外 100 平方公里的土地。新加坡地势起伏和缓，其西部和中部地区由丘陵地构成，大多数被树林覆盖，东部以及沿海地带都是平原，地理最高点为武吉知马，高 163 米。新加坡河流由于地形所限，都颇为短小，全岛共有 32 条主要河流，河流有克兰芝河、榜鹅河、实龙岗河等，最长的河道则是加冷河。大部分的河流都改造成蓄水池为居民提供饮用水源。 |

续表

| 版块 | 具体内容 | 说明 |
|---|---|---|
| 基本概况 | 人口数量 | 新加坡 2020 年 6 月统计的人口总量为 569 万人。 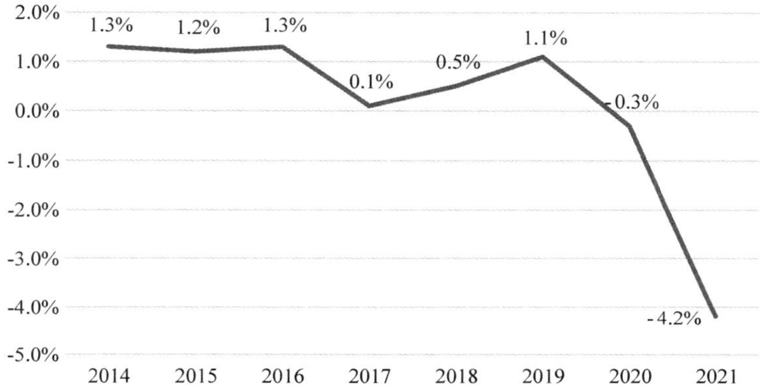<br>**2014 年以来新加坡人口增长率（%）**<br>数据来源：世界银行。 |
| | 主要城市 | 首都：新加坡市（新加坡政治、经济、文化中心，有“花园城市”之称，是世界上最大港口之一和重要的国际金融中心） |
| | 主要资源 | 自然资源匮乏。新加坡约有 23% 的国土属于森林或自然保护区，而都市化限缩了雨林面积，森林主要分布于武吉知马自然保护区以及 3 个保护区，西部地段和离岸岛屿。新加坡建有 17 个蓄水池为市民储存淡水。其中，中央集水区自然保护区位于新加坡的地理中心，占地约三千公顷。该保护区拥有麦里芝蓄水池、实里达蓄水池上段、贝雅士蓄水池上段和下段等水库。其土地除了用来收集雨水，并发挥着重要的城市“绿肺”功能。为减少对外来水源的依赖，新加坡通过大型蓄水计划，以及海水淡化和循环再利用等技术，使得水源供应更加多元化，逐步迈向水供自给自足的目标。随着最大的大泉海水淡化厂的落成，当前可提供超过 60% 的用水需求。 |

续表

| 版块 | 具体内容 | 说明 |
| --- | --- | --- |
| 政治概况 | 国家结构形式 | 单一制国家<br>新加坡是一个城邦国家，故无省市之分，而是以符合都市规划的方式将全国划分为五个社区（行政区）。它们分别为：中区社区（120万人），东北社区（130万人），西北社区（83万人），东南社区（84万人），西南社区（83万人），由相应的社区发展理事会（简称社理会）管理。这5个社理会在2015年被重新分割为89个选区，当中包括13个单选区和16个集选区。（1）单选区：后港、先驱、裕华、丰加北、蒙巴登、盛港西、榜鹅东、武吉班让、波东巴西、拉丁马士、凤山、武吉巴督、麦波申。（2）集选区：义顺、裕廊、三巴旺、蔡厝港、东海岸、西海岸、阿裕尼、宏茂桥、淡滨尼、马林百列、丹戎巴葛、碧山—大巴窑、荷兰—武吉知马、白沙—榜鹅、摩棉—加冷、马西岭—油池。 |
| | 政体类型 | 议会共和制<br>总统为国家名义元首，储备国家第二把钥匙，由全民选举产生，任期6年。总统委任议会多数党领袖为总理。总统有权否决政府财政预算和公共部门职位任命；可审查政府行使内部安全法令和宗教和谐法令所赋予的权力以及调查贪污案件。总统顾问理事会受委向总统提供咨询与建议。总统在行使某些职权，如主要公务员任命时，必须先征求总统顾问理事会的意见。总统和议会共同行使立法权。议会称国会，实行一院制。议员由公民投票选举产生，任期5年，占国会议席多数的政党组建政府。 |
| | 政党 | 新加坡实行多党制。<br>已注册的政党共30多个。主要有：<br>人民行动党：执政党。1954年11月由李光耀、方水双、林清祥等人发起成立。党的纲领是维护种族和谐，树立国民归属感；建立健全的民主制度，确保国会拥有多元种族代表，努力建立一个多元种族、多元文化和多元宗教的社会。人民行动党从1959年至今一直保持执政党地位。李光耀长期任该党秘书长，1990年吴作栋接任。2004年12月，李显龙接替吴作栋出任该党秘书长。现任党主席王瑞杰。现有83个国会议席。<br>新加坡工人党：最大反对党。1957年11月由新加坡首席部长大卫·马绍尔创立。主张和平、非暴力的议会斗争。1971年重建领导机构，提出废除雇佣制，修改国内治安法，恢复言论和结社自由。1981年起，在大选中数次赢得议席。该党于2020年的选举中获得10个国会议席。 |

续表

| 版块 | 具体内容 | 说明 |
| --- | --- | --- |
| 政治概况 | 政府架构 | 2020年7月25日，新加坡总理李显龙公布新一届内阁名单，主要成员有：总理李显龙，副总理兼财政部长兼新加坡经济政策统筹部长王瑞杰，国家安全统筹部长张志贤，社会政策统筹部长尚达曼，贸工部长（贸易）林勋强，贸工部长（工业）易华仁，总理公署部长陈振声，人力部长林瑞生，通讯及新闻部长易华仁，国家发展部长李智陞，国防部长黄永宏，教育部长兼财政部第二部长黄循财，社会及家庭发展部长兼卫生部第二部长马善高，外交部长维文，卫生部长颜金勇，交通部长王乙康，内政部长兼律政部长尚穆根，教育部长黄循财，文化、社区及青年部长唐振辉。<br>立法机构为国会，新加坡实行一院制，任期五年。国会可提前解散，大选须在国会解散后三个月内举行。年满21岁的新加坡公民都有投票权。国会议员分为民选议员、非选区议员和官委议员。其中民选议员从全国13个单选区和16个集选区（2015年大选）中由公民选举产生。集选区候选人以3—6人一组参选，其中至少一人是马来族、印度族或其他少数种族。同组候选人必须同属一个政党，或均为无党派者，并作为一个整体竞选。<br>非选区议员从得票率最高的反对党未当选候选人中任命，最多不超过6名，从而确保国会中有非执政党的代表。官委议员由总统根据国会特别遴选委员会的推荐任命，任期两年半，以反映独立和无党派人士意见。本届国会2020年7月选举产生，93个国会议席中，人民行动党83位，新加坡工人党10位。<br>新加坡设最高法院和总检察署。最高法院由高庭和上诉庭组成。1994年，废除上诉至英国枢密院的规定，确定最高法院上诉庭为终审法庭。最高法院大法官由总理推荐、总统委任。首席大法官梅达顺，总检察长黄鲁胜。 |

续表

| 版块 | 具体内容 | 说明 |
| --- | --- | --- |
| 政治概况 | 军事 | 总统对全国武装力量拥有最高领导权，在国防与安全委员会及国防部长协助下就国防与安全事务做出重大决策，通过国民军司令和警察总长对全国武装力量实施领导和指挥。现任国防部长为黄永宏。<br>新加坡武装部队组建于1965年。总统为三军统帅。实行义务兵役制，服役期2—3年，现役部队总兵力约7.25万。另有预备役25万人，准军事部队10.8万人。新加坡军队主要在国外训练。1971年与英国、澳大利亚、新西兰和马来西亚组成“五国联防”。重视全民防卫教育。致力于建设第三代“智能”军队。 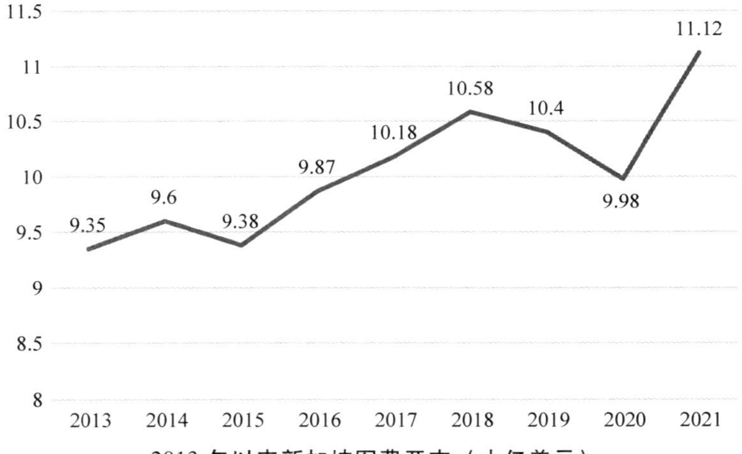<br>11.5 11 10.5 10 9.5 9 8.5 8<br>9.35 9.6 9.38 9.87 10.18 10.58 10.4 9.98 11.12<br>2013 2014 2015 2016 2017 2018 2019 2020 2021<br>**2013年以来新加坡军费开支（十亿美元）**<br>数据来源：世界银行。 |

续表

<table>
<tr><th>版块</th><th>具体内容</th><th>说明</th></tr>
<tr><td rowspan="3">经济概况</td><td>GDP</td><td>


**2016 年以来的 GDP 总值（千亿美元）及增长率**

数据来源：世界银行。
</td></tr>
<tr><td>对外贸易</td><td>

**2017—2021 年进出口贸易总额**（百万美元）

<table>
<tr><th>年份</th><th>2017</th><th>2018</th><th>2019</th><th>2020</th><th>2021</th></tr>
<tr><td>总进口额</td><td>327689</td><td>370881</td><td>359266</td><td>329830</td><td>406226</td></tr>
<tr><td>总出口额</td><td>373237</td><td>412953</td><td>390763</td><td>362534</td><td>457357</td></tr>
</table>

数据来源：UNCTAD Handbook of Statistics。
</td></tr>
<tr><td>FDI</td><td>

**2017 年以来新加坡 FDI 投资存量与流量**

（单位：百万美元）

<table>
<tr><th></th><th>年份</th><th>2017</th><th>2018</th><th>2019</th><th>2020</th><th>2021</th></tr>
<tr><td rowspan="2">他国对本国直接投资</td><td>流量</td><td>82483</td><td>73932</td><td>106323</td><td>75437</td><td>99099</td></tr>
<tr><td>存量</td><td>1423792</td><td>1522569</td><td>1738526</td><td>1952038</td><td>2007270</td></tr>
<tr><td rowspan="2">本国对他国直接投资</td><td>流量</td><td>62706</td><td>22169</td><td>55607</td><td>31758</td><td>47395</td></tr>
<tr><td>存量</td><td>1038877</td><td>983042</td><td>1145250</td><td>1265706</td><td>1346395</td></tr>
</table>

数据来源：UNCTAD 世界投资报告 2022。
</td></tr>
</table>

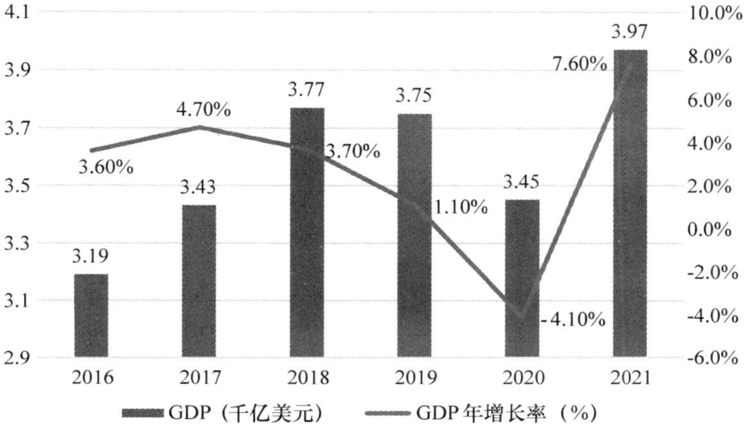

续表

| 版块 | 具体内容 | 说明 |
| --- | --- | --- |
| 经济概况 | 产业结构 | 【工业】主要包括制造业和建筑业。制造业产品主要包括电子、化学与化工、生物医药、精密机械、交通设备、石油产品、炼油等产品。新是世界第三大炼油中心。<br>【农业】新加坡用于农业生产的土地占国土总面积1%左右，产值占国民经济不到0.1%，绝大部分粮食、蔬菜从马来西亚、中国、印度尼西亚和澳大利亚进口。<br>【服务业】包括金融服务、零售与批发贸易、饭店旅游、交通与电讯、商业服务等，系经济增长的龙头。<br>【旅游业】外汇主要来源之一。游客主要来自中国、东盟国家、澳大利亚、印度和日本。主要景点有：圣淘沙岛、植物园、夜间动物园等。 |
|  | 货币金融 | 使用货币为新加坡元。<br>新加坡金融体系中的行为主体包括商业银行、商人银行、财务公司等。新加坡不设中央银行，而由金融管理局、货币局、投资局分担对银行、货币、外汇的管理职能。货币局主管发行与回笼货币；金融管理局是货币局与银行间的中介机构，执行具体的管理职能；投资局则主要负责对国家储备资金及外汇的投资管理。也有观点认为，金融管理局除不发行货币外，全面行使一般中央银行的职权，包括指导金融业、监督银行的经营行为。 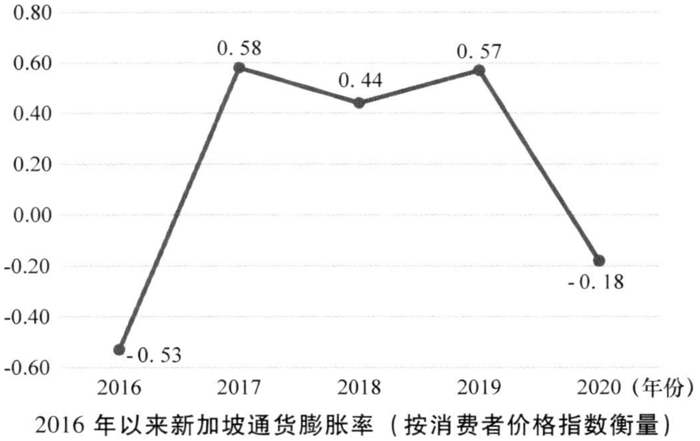<br>（图：2016—2020年数据：2016年 -0.53；2017年 0.58；2018年 0.44；2019年 0.57；2020年 -0.18。纵轴 -0.60—0.80；横轴 2016、2017、2018、2019、2020（年份））<br>**2016年以来新加坡通货膨胀率（按消费者价格指数衡量）**<br>数据来源：世界银行。<br>外汇管理：新加坡的外汇管理分属三大机构，即负责固定收入投资和外汇流动性管理的新加坡金融管理局、专司外汇储备长期管理的新加坡政府投资公司、利用外汇储备投资国际金融和高科技产业以期取得高回报率的淡马锡控股公司。 |

续表

| 版块 | 具体内容 | 说明 |
| --- | --- | --- |
| 经济概况 | 与中国的经济协议 | •1992 年，中新科技部门签署《科技合作协定》。<br>•1994 年 2 月，中新签署《关于合作开发建设苏州工业园区的协议》。<br>•1999 年 10 月，中新签署《经济合作和促进贸易与投资的谅解备忘录》，建立了两国经贸磋商机制，并签署了《避免双重征税和防止漏税协定》《海运协定》等多项经济合作协议。<br>•2007 年 11 月，中新签署《中华人民共和国政府与新加坡共和国政府关于在中华人民共和国建设一个生态城的框架协议》。<br>•2008 年 10 月，中新签署《中新自由贸易协定》，2012 年 7 月，两国签署中新自贸协定框架下有关银行业事项的换文，2018 年签署《自由贸易协定升级议定书》。<br>•2015 年 11 月，中新发表《中华人民共和国和新加坡共和国关于建立与时俱进的全方位合作伙伴关系的联合声明》。<br>•2017 年 5 月，中新发表《中华人民共和国政府与新加坡共和国政府关于共同推进“一带一路”建设的谅解备忘录》。<br>•2018 年 11 月，中新签署《中华人民共和国政府和新加坡共和国政府关于中新广州知识城升级合作的框架协议》。<br>•2019 年 4 月，中新签署《关于成立上海—新加坡全面合作理事会有关谅解备忘录》。<br>•2019 年 5 月，中国人民银行与新加坡金融管理局续签双边本币互换协议，该协议于 2010 年签署，此前已于 2013 年和 2016 年两次续签。<br>•2019 年 9 月，中与新签署《中国与新加坡关于推广、接受和使用电子证书的谅解备忘录》。<br>•2020 年 11 月，包括中国和新加坡在内的十五个国家签订《区域全面经济伙伴关系协定（RCEP）》。 |

续表

| 版块 | 具体内容 | 说明 |
|---|---|---|
| 宗教 | | 新加坡提倡宗教与族群之间的互相容忍和包容精神，实行宗教自由政策，确认新加坡为多宗教国。根据2010年的人口调查，当中有宗教信仰的新加坡人占了人口的83%。新加坡确实称得上多宗教融汇的大熔炉，这里有着各式各样的宗教建筑，许多历史悠久的寺庙已被列为国家古迹，而且每年都有不同的庆祝活动。<br>佛教与道教<br>新加坡佛教是全国第一大宗教，约占人口的33%。新加坡境内寺庙林立，属于北传佛教的寺院超过一百五十所，南传上座部佛教寺院约有二十余所，当中新加坡双林寺既是新加坡第一座寺院，也是最大的丛林之一。新加坡道教占了人口的11%，境内合共有大小庙宇300余间。早年南来谋生的华人移民带来了他们的宗教信仰与习俗，潮侨和闽帮所创建的粤海清庙和天福宫还收藏有光绪帝御赐的墨宝，他们也获颁联合国教科文组织亚太文化遗产保存奖状。此外四马路观音堂也是新加坡香火最鼎盛的庙宇之一，庙堂内几乎每天都有人潮。<br>基督教<br>新加坡基督教徒（新教和天主教）占总人口的18%，在新加坡草创初期，海峡华人族群、海外传教士和西方商人对两个教会的发展作出独特贡献，新加坡天主教教会也先后开办学校、医院、公益组织等来照顾弱势族群的利益。两个教会最早修建的教堂是亚美尼亚教堂和圣安德烈教堂。<br>伊斯兰教<br>新加坡伊斯兰教教徒占总人口的15%，教徒约有65万人。马来人或巴基斯坦血统的信徒基本上属于伊斯兰教的逊尼派，另外也有少部分的印度人和华人信奉回教。新加坡建有回教堂共80座，当中较为著名的有哈贾法蒂玛回教堂和苏丹回教堂。<br>印度教<br>新加坡印度教的信徒约10万人，占总人口的5%。有大约30座印度寺庙，大部分以南印度的风格为主，其中马里安曼兴都庙和尼瓦沙柏鲁马兴都庙，都属于新加坡的国家保护文物。<br>锡克教与其他<br>新加坡锡克教教徒合计只有2万余人。锡克教在新加坡有7间锡克庙，比如：中央锡克庙，是一万五千名锡克教教徒的主要圣地。犹太教在新加坡则设有两个会堂，其中马海阿贝犹太庙建于1878年，是东南亚最古老的犹太会堂。 |

续表

| 版块 | 具体内容 | 说明 |
| --- | --- | --- |
| 社会文化 | 民族 | 多民族国家，新加坡公民主要以4大族群来区分：华人占了人口的74.2%，还有马来族（13.3%）、印度裔（9.1%）和欧亚裔/混血（3.4%）等公民。大多数新加坡华人的祖先源自于中国南方，尤其是福建，广东和海南省，其中4成是闽南人，其次为潮汕人、广府人、莆仙人（莆田人）、海南人、福州人、客家人，还有峇峇、娘惹等。 |
| | 语言 | 新加坡是一个多语言的国家，拥有4种官方语言，即英语、马来语、华语和泰米尔语。基于和马来西亚的历史渊源，《新加坡宪法》明定马来语为新加坡的国语，主要是尊重新加坡原住民所使用的语言。由于内在和外在因素的考量，新加坡采用英语，作为主要的通行语和教学语。新加坡官方使用与中国大陆一致的简体汉字。但在1969—1979年间曾短暂拥有自己的汉字简化标准，民间以简体字为主但偶尔也会出现繁体字与简体字混用的现象。新加坡的官方文字为英文，因此公函、商务往来和其他经济业务性质的书信通常以英语为主。 |
| | 华人华侨在该国的情况 | 主要从事的职业：华人人口占新加坡总人口的74.2%，祖籍地主要是福建和广东。新加坡华人的经营范围非常广，从种植业和商业逐渐走向工业、金融业、旅游服务业等领域发展。根据统计报告，1930年，华侨人数1230000人，从业人员469935人，在从业人员中，商业占36.6%，种植业18.3%，矿业9.7%，从事工业者20%，其余为自由职业和其他职业。闽籍华侨从事商贸者多，潮州、客属华侨从事种植、采矿业者多，广肇籍华侨从事手工业者多。<br>华裔的经营结构为：约有30名大企业家，100名中等企业家，280万名零售商、饭馆和商店经营者，农民、渔民、工人和职员。<br>华人社团、商会及主要中资企业：<br>移民组织华源会（中国大陆）、九龙会（中国香港）、新加坡台北工商协会（中国台湾）。<br>据史料记载，广东台山人曹亚志于1819年创立曹家馆，是新加坡最早的华侨宗亲会馆。从1819年新加坡第一个宗乡会成立以来，新加坡华侨华人社团最多时有50多个，按其类别，可分为宗亲（血缘）、同乡（地缘）、行业（业缘）、政治、娱乐、文化、宗教和慈善社团等，其中以宗亲（血缘）、同乡（地缘）和行业（业缘）为最多，约占社团总数90%以上。新加坡宗乡会馆联合总会是由以下新加坡各大会馆共同发起：新加坡福建会馆（闽南）、新加坡潮州八邑会馆（潮州）、新加坡兴安会馆（闽南）、南洋莆田会馆（闽南）、新加坡莆中高平公会（闽南）、新加坡广东会馆（粤）、新加坡南洋客属总会（客家）、新加坡海南会馆（琼）、新加坡三江会馆（长江、黄河、黑龙江流域）、新加坡福州会馆（闽东）。<br>主要的中资企业：丰益国际有限公司、大东方控股、大华银行有限公司、星狮集团、中国航油（新加坡）、华侨银行有限公司、创业集团有限公司、丰隆亚洲有限公司、城市发展有限公司、佳杰科技。 |

续表

| 版块 | 具体内容 | 说明 |
| --- | --- | --- |
| 社会文化 | 大学与智库 | 主要大学：新加坡国立大学、新加坡南洋理工大学、新加坡管理大学、新加坡科技设计大学、新加坡理工大学、新加坡新跃大学。<br>主要智库：尤索夫伊萨克东南亚研究所、新加坡国立大学东亚研究所、新加坡南洋理工大学拉惹勒南国际关系学院国防与战略研究所、新加坡南亚研究所、新加坡政策研究所、新加坡国际事务研究所。 |
|  | 参与的国际机制与国际组织 | 政治类：<br>东南亚国家联盟、亚欧会议、东亚—拉美论坛、亚洲—中东合作对话、77 国集团、环印度洋区域合作联盟等。<br>经济类：<br>世界贸易组织、亚太经合组织、亚洲及太平洋经济社会委员会、国际货币基金组织、世界银行、亚洲开发银行、亚洲基础设施投资银行、博鳌亚洲论坛、东盟自由贸易区、全面与进步跨太平洋伙伴关系协定（CPTPP）、区域全面经济伙伴关系协定（RCEP）等。 |

# 主要参考文献

## 一　中文文献

陈佳雯：《中国“一带一路”倡议对新加坡的影响》，《改革与开放》2018 年第 18 期。

陈伟光：《论 21 世纪海上丝绸之路合作机制的联动》，《国际经贸探索》2015 年第 3 期。

樊莹：《RCEP：重塑亚太经济合作与筑基新发展格局》，《当代世界》2021 年第 8 期。

方晓：《新加坡对中国的信任程度变化及其原因》，《战略决策研究》2020 年第 5 期。

呙小明、黄森：《“一带一路”背景下中国企业对新加坡直接投资的现状与风险分析》，《对外经贸》2018 年第 7 期。

韩剑：《东南亚国家欢迎“一带一路”》，《中国社会科学报》2017 年 5 月 12 日第 4 版。

冷鸿基：《多边主义竞争与香格里拉对话会的发展战

略》，《国际论坛》2019 年第 6 期。

厉伟、赵儒南：《中国与新加坡的政府间合作及经贸关系》，《现代国际关系》2017 年第 9 期。

刘光辉：《“一带一路”发展下中国和新加坡区域经济合作新格局》，《对外经贸实务》2019 年第 7 期。

卢姝杏：《新加坡的外交原则及其对华政策（1990—2010）》，《东南亚研究》2011 年第 5 期。

马原：《新加坡主流媒体视野下“一带一路”的报道框架及身份建构——以〈联合早报〉与〈海峡时报〉为例》，《巢湖学院学报》2018 年第 5 期。

聂珊珊：《“一带一路”背景下中国企业对新加坡直接投资的现状与风险分析》，《辽宁经济》2019 年第 2 期。

齐嘉欣：《中国和新加坡“一带一路”现状与成效》，《中国市场》2020 年第 9 期。

乔林生：《日本的东亚经济合作政策浅析》，《日本学刊》2003 年第 5 期。

汪明峰、袁贺：《产业升级与空间布局：新加坡工业发展的历程与经验》，《城市观察》2011 年第 1 期。

王琛：《小国的自我认知与外交行为：冷战后新加坡外交的演变与新挑战》，《太平洋学报》2021 年第 2 期。

王虎、李明江：《支持、参与和协调：新加坡在实施“一带一路”倡议中的作用》，《南洋问题研究》2016 年第 4 期。

王静：《新加坡独立后经济发展道路的特点及启示》，《学理论》2013年第32期。

王勤、金师波：《新冠肺炎疫情对东盟经济发展的影响》，《亚太经济》2021年第2期。

韦民：《论新加坡与东盟关系——一个小国的地区战略实践》，《国际政治研究》2008年第3期。

杨建伟：《新加坡的经济转型与产业升级回顾》，《城市观察》2011年第1期。

杨祥章、郑永年：《“一带一路”框架下的国际陆海贸易新通道建设初探》，《南洋问题研究》2019年第1期。

张磊：《新加坡：2021年回顾与2022年展望》，《东南亚纵横》2022年第1期。

曾菁华：《中新互联互通的重庆实践》，《瞭望》2022年第6期。

赵儒南：《新加坡参与“一带一路”及中新合作研究》，《亚太经济》2021年第1期。

中华人民共和国驻新加坡经商参处：《中国和新加坡“一带一路”合作情况》，《世界热带农业信息》2018年第12期。

［美］尼古拉斯·斯皮克曼：《和平地理学：边缘地带的战略》，俞海杰译，上海人民出版社2016年版，第96页。

## 二 英文文献

Huff, W. (1995). "What is the Singapore Model of Economic Development?", *Cambridge Journal of Economics*, 19 (6).

Yue, C. (2001). "Singapore: Towards a Knowledge – Based Economy", In S. Masuyama, D. Vandenbrink & C. Siow Yue (Ed.), *Industrial Restructuring in East Asia*. Singapore: ISEAS Publishing.

Teck – Wong Soon and Stoever, W. (1996). "Foreign Investment and Economic Development in Singapore: A Policy – Oriented Approach", *The Journal of Developing Areas*, 30 (3).

Hong, M. & Lugg, A. (2016). *The Rise of Singapore*, World Scientific Publishing Co. Pte. Ltd.

Chen, X. and Shao, Y. (2017). "Trade Policies for a Small Open Economy: The Case of Singapore", *World Economy*, 40.

夏敏，贵州遵义人，1994—2001 年在中国人民大学国际关系学院学习，获国际关系专业硕士学位。2009 年获美国老领地大学政治学系国际研究专业博士学位，研究领域为国际政治经济学和比较政治学。现为中国人民大学国际关系学院副教授，比较国际政治经济研究所研究员。研究兴趣主要是全球化背景下的政府治理与区域发展、发展政治经济学理论与案例。出版专著 1 部，在中英文学术刊物发表多篇论文。